Feyerabend / Raschke / Stiller
Durch das Scheunenviertel und die Spandauer Vorstadt

Wolfgang Feyerabend /
Thomas Raschke /
Veit Stiller

Durch das Scheunenviertel und die Spandauer Vorstadt

SAPERE AUDE
Haude & Spener

Bildnachweis: Archiv Balzer: S. 94; Wolfgang Falk: S. 9, 16, 17, 19, 28, 29, 37, 41, 43, 48, 56, 59, 63, 106; Bert Feyerabend: S. 6; Wolfgang Feyerabend: S. 8, 21, 24, 33, 72, 92; Yvonne Götz: S. 26; Veit Stiller: S. 30, 49, 66, 71, 74, 76, 79, 82, 84, 85, 88, 90, 96, 97, 99, 101, 102, 104, 107, 109, 112, 115; Verlagsarchiv: S. 13, 51, 54.

Umschlag: Yvonne Götz unter Verwendung eines Fotos
von Wolfgang Feyerabend
Satz: Volker Spiess, Berlin
Druck: GGP Media GmbH, Pößneck
ISBN 3-7759-0466-2

Inhaltsverzeichnis

Am Oranienburger Tor

Vom Vorstadtrevier zum Szenetreff

Wolfgang Feyerabend

Als einziges historisches Stadtquartier Berlins, das weitgehend geschlossen erhalten geblieben ist und mit Bauwerken aus über drei Jahrhunderten aufwarten kann, stellt die Spandauer Vorstadt mitsamt dem Scheunenviertel in architekturgeschichtlicher Hinsicht einen Glücksfall dar. Auf wenigen Quadratkilometern zusammengedrängt, lassen sich hier im Stadtbezirk Mitte Zeugnisse vom Barock bis zur baulichen Moderne entdecken. Und das sowohl am Beispiel einstiger Repräsentativ- und Gemeindebauten als auch anhand zahlreicher Wohn- und Handwerkerhäuser mit ihren Hofanlagen. Kein anderer Bereich sonst in der heutigen Bundeshauptstadt gestattet noch diesen Blick auf die „Alltagsarchitektur" vergangener Epochen.

Scheunenviertel? Spandauer Vorstadt? – Die Bezeichnungen werden heute oft synonym benutzt und tragen gleichermaßen zur Verwirrung wie zur Legendenbildung bei. Die Spandauer Vorstadt entstand Ende des 17. Jahrhunderts vor dem Spandauer Tor und hat von diesem ihren Namen. Das historische Scheunenviertel hingegen wurde 1672 vor dem Georgentor angelegt. Es war einst Speicher- und Scheunenareal, später Wohnquartier. Noch vor dem Ersten Weltkrieg erfolgte der Komplettabriss. Seit einem knappen Jahrhundert existiert es nicht mehr. An dessen Stelle entstand der Bülowplatz (heute Rosa-Luxemburg-Platz). Doch bald schon gab der Volksmund auch jenem Teil der Spandauer Vorstadt den Namen Scheunenviertel, der unmittelbar an den Bülowplatz grenzte. Hier, rund um Hirtenstraße, Grenadier- und Dragonerstraße (heute Almstadt- und Max-Beer-Straße), fanden vor und nach dem Ersten Weltkrieg viele ostjüdische Flüchtlinge Unterkunft. Wenn Autoren der 20er Jahre, wie Alfred Döblin und Joseph Roth, in Reportagen das Quartier beschreiben, dann meinen sie bereits diese Gegend, die am Rande des historischen Scheunenviertels lag.

Nach Maueröffnung und damit einhergehender Wiederentdeckung der östlichen Stadtgebiete gewöhnten sich Journalisten und Büchermacher an, die (offenbar griffigere) Bezeichnung auf die gesamte Spandauer Vorstadt zu übertragen. Inzwischen „wuchert" das Scheunenviertel weiter. Verschiedentlich werden bereits Bereiche der nördlich gelegenen Rosenthaler Vorstadt hinzugezählt. Wo indes alles verwechselbar wird, verwischen sich die Umrisse der Geschichte.

Schiff der Sophienkirche vom Altar aus gesehen

Der heute oft benutzte Beiname „Jüdisches Viertel" bedarf in diesem Zusammenhang der Erläuterung. Er assoziiert die Vorstellung vom Ghetto, wo die jüdische Bevölkerung separiert wohnte oder wohnen musste, was jedoch weder für die Spandauer Vorstadt noch für das Scheunenviertel (auch das, was in den 20er Jahren darunter verstanden wurde) zutraf. Stattdessen lebten Christen und Juden mit- und nebeneinander, wobei letztere, bezogen auf das gesamte Gebiet, deutlich die Minderheit bildeten.

Richtig ist, dass die Gegend rund um die Neue Synagoge in der Oranienburger Straße bis in die 30er Jahre Standort fast aller bedeutenden Berliner Jüdischen Gemeinde- und Wohlfahrtseinrichtungen war. Hinzu kamen jüdische Buchhandlungen und Verlage, das orthodoxe Rabbiner-Seminar, die Hochschule für die Wissenschaft des Judentums und das Jüdische Museum. Bedeutende Unternehmen wie das erste Kaufhaus der Gebrüder Wertheim (Rosenthaler Straße/Ecke Sophienstraße), aber auch die vielen kleinen Geschäfte und Handwerksbetriebe trugen zur Vielfalt jüdischen Lebens im Viertel bei.

Allerdings – und das macht die Besonderheit des Quartiers aus – hatten sich auch zahlreiche christliche Einrichtungen das Viertel als Standort erwählt, darunter die evangelische Sophienkirche und das katholische St. Hedwig-Krankenhaus, das Domkandidatenstift und die Englische Kirche, das Hospiz und die Kirche St. Johannes Evangelist sowie die katholische St. Adalbert Kirche. Eine Nachbarschaft, die nicht frei von Spannungen und Konflikten war, aber doch lange Zeit Bestand hatte. Toleranzstraße wurde denn ver-

Münzstraße 23, hier stand das Geburtshaus des Musikdirektors Carl Friedrich Zelter

schiedentlich die Große Hamburger Straße genannt. In eben dieser Straße richtete das NS-Regime in den 40er Jahren eine der berüchtigtsten Sammelstellen für die Deportation der Berliner Juden ein.

Mit der Rückübertragung der Gemeindegrundstücke und ihrer Nutzung ist seit den 90er Jahren jüdisches Leben ins Viertel zurückgekehrt. 1993 wurde in der ehemaligen Knabenschule Deutschlands erstes Jüdisches Gymnasium nach dem Zweiten Weltkrieg eingerichtet. 1995 konnte nach siebenjähriger Rekonstruktion, wenngleich nur als bauliches Fragment, die Neue Synagoge wiedereingeweiht werden. Der Zentralrat der Juden in Deutschland zog hierher, ebenso der Bund Jüdischer Studenten in Deutschland, der Jüdische Kulturverein. Nach der Vertreibung und Ermordung der Juden durch die Nazis sind das hoffnungsvolle Anfänge, in denen sich nicht zuletzt auch Vertrauen in unsere heutige Gesellschaft ausspricht. Anfänge, die freilich nicht vergleichbar sind mit der Blütezeit jüdischen Lebens in den 20er Jahren, als in Berlin 140.000 Juden lebten. Heute sind es rund 13.000 Menschen.

Zu den viel strapazierten Klischees über die Spandauer Vorstadt gehört das Wort von der „Arme-Leute-Gegend“. Zu den Ersten, die das Gebiet vor dem Spandauer Tor besiedelten, zählten Angehörige des Hofstaates von Kurfürstin Sophie Charlotte. Und die längste Zeit seines Bestehens war das Viertel ein durchaus gutbürgerliches Wohnquartier. Dass es hier auch Einrichtungen der Armenpflege (Armenfriedhof und Armenhospital) gab, widerlegt das Gesagte nicht, sondern macht lediglich deutlich, wie weit sich heute – auch topographisch – Armut und Reichtum auseinander entwickelt haben.

In der Spandauer Vorstadt wohnten Persönlichkeiten wie die Dichterin Anna Louise Karsch(in), der Aufklärer Karl Wilhelm Ramler, der Schriftsteller Karl Philipp Moritz, der Musikdirektor Carl Friedrich Zelter, der erste gewählte Rektor der Berliner Universität Johann Gottlieb Fichte, der Jurist und spätere Staatsmann Friedrich Karl von Savigny, der Naturwissenschaftler Alexander von Humboldt oder der Bankier Abraham Mendelssohn. Treffpunkt des gesellschaftlichen Lebens war, gegenüber dem Schloss Monbijou gelegen, die „Ressource zur Unterhaltung" in der Oranienburger Straße 18, eine Art Klub- und Kulturhaus des Bürgertums. Selbst im späten 19. Jahrhundert, als bereits die Abwanderung der Begüterten in Richtung Westen begonnen hatte, hielt sich hier noch eine breite Schicht des Mittelstandes. Georg Bernhard, in den 20er Jahren Chefredakteur der berühmten „Vossischen Zeitung", sowie Alfred Kantorowicz, Literaturwissenschaftler und Publizist, wurden als Söhne von Kaufmannsfamilien in der Spandauer Vorstadt geboren.

So viel Geschichtsträchtigkeit kann ein Viertel auch erdrücken. Doch die Spandauer Vorstadt ist alles andere als ein Freilichtmuseum, sondern ein lebendiger Stadtteil, den nach der Wende von 1989 zunächst Künstler und die alternative Szene aus dem Tiefschlaf weckten. Aufgelassene Häuser wurden besetzt, leere Fabriketagen bezogen. Ateliermieten von 1 DM pro Quadratmeter – und das im Zentrum Berlins, nahe des Alexanderplatzes und der Museumsinsel – waren durchaus keine Seltenheit. Arbeitsbedingungen, die Künstler aus aller Welt anlockten. Mit der aufwändigen Sanierung der Häuser und den damit verbundenen, oft drastischen Mieterhöhungen zog die Szene notgedrungen seit Mitte der 90er Jahre nach und nach in andere Stadtteile und -bezirke. Nur wenige der frühen Projekte, wie das Kunsthaus Tacheles in der Oranienburger Straße 54–56 A, das Haus Schwarzenberg in der Rosenthaler Straße 39 oder das KULE (Kunst und Leben) in der Auguststraße 10, blieben bestehen.

Zwar besitzt die Spandauer Vorstadt auch gegenwärtig noch als Künstlerviertel eine nicht zu unterschätzende Bedeutung, insbesondere dort, wo nach der Restaurierung der Häuser erschwingliche Mieten für Atelierwohnungen gewährt wurden. Vor allem aber hat sich das Quartier in den letzten zehn Jahren zum Galerienstandort für die junge Kunst – und das mit internationaler Ausstrahlung – etabliert. Freie Theatergruppen gesellten sich hinzu und verwandelten ungenutzte Gebäude in Spielräume. Junge Modedesigner schlugen ihre Zelte auf. Und selbstverständlich tragen die zahllosen Bars und Clubs, Cafés, Restaurants und Kneipen dazu bei, dass sich die Gegend zwischen Torstraße, Spree und Hochbahnstrecke sowie Karl-Liebknecht- und nördlicher Friedrichstraße im schnelllebigen Berlin weiterhin als eine nicht wegzudenkende Adresse für Flaneure und Nachtschwärmer behauptet.

Die allmähliche Veränderung der sozialen Struktur im Viertel gehört zu den beklagenswerten Entwicklungen. Die zumeist weniger zahlungskräftigen Altmieter ziehen weg oder sind bereits weggezogen. Zwar wurden dort, wo in die Restaurierung der Häuser Fördermittel einflossen, sogenannte Bestandssatzungen festgeschrieben. Sie gewährleisten noch für einige Jahre moderate Mieten, aber der Verdrängungsprozess ist allenthalben sichtbar. Und zuallererst waren die kleinen, alteingesessenen Geschäfte davon betroffen. Für sie gab es keinen Schutz. Vom Säugling bis zum Greis findet heute jeder Spandauer Vorstädter einen Platz in der Kneipe, aber den Fleischer, den Schuster, den Papierwarenhändler wohl bald nicht mehr.

„Was man daraus machen könnte!", war noch Mitte der 90er Jahre, angesichts reihenweise maroder Häuser des Viertels, ein vielfach von gut betuchten Touristen geäußerter Satz. Inzwischen ist „gemacht" worden. Als Orientierungshilfe durch das, was war und daraus geworden ist, versteht sich das vorliegende Buch.

Straßen und Häuser – Architekturgeschichte der Vorstadt

Thomas Raschke

■ Die Berliner Vorstädte, Spandauer Vorstadt und Scheunenviertel

Zum Ende des Dreißigjährigen Krieges war die Doppelstadt Berlin-Cölln teilweise unbewohnt und zählte nur 7.000 Einwohner. Fünfzig Jahre später lebten hier etwa 55.000 Menschen. Die Stadtfläche hatte sich durch Erweiterungen verfünffacht (von 124 auf 626 Hektar). 1709 wurden die bis dahin selbstständigen Teile zu einer Kommune, der „Königlichen Residenz-Stadt Berlin" zusammengefasst. Das waren: Alt-Berlin, Alt-Cölln, Friedrichswerder (gegr. 1662), Dorotheenstadt (gegr. 1668) und Friedrichstadt (gegr. 1688). Mit einbezogen wurden auch die gerade angebauten Vorstädte bei Cölln, ein nur kleines Quartier, meist „Neukölln am Wasser" genannt, weiträumig dagegen die Berliner Vorstädte: Stralauer Vorstadt, Königsstadt und Spandauer Vorstadt. Damit war die Residenzstadt so großzügig abgesteckt, dass über einhundert Jahre lang nur geringe räumliche Erweiterungen nötig wurden.

Die Erweiterung der Stadt geschah auf zwei grundverschiedene Weisen. Im Westen legten die Kurfürsten auf eigenem Land die Dorotheenstadt (Hauptachse Unter den Linden) und die Friedrichstadt (Hauptachse Friedrichstraße) an. Ein orthogonal regelmäßiges Straßenraster und die Festlegung von Gebäude- und Grundstücksabmessungen lassen den übergeordneten Willen, der hier die Planung bestimmte, sofort deutlich werden. Wenn in Reiseberichten bis ins 19. Jahrhundert von Berlin als einer großzügig angelegten Residenz gesprochen wird, ist immer dieser Teil gemeint.

Friedrich- und Dorotheenstadt wurden *geplant*, die Vorstädte *wuchsen*. Zwar sandte die kurfürstliche (ab 1701 königliche) Verwaltung ihre Landmesser und Ingenieure (Professionen, die damals beim Militär angesiedelt waren) auch hierhin, um Straßen und Plätze abzustecken. Der Gestaltungsfreiraum war hier aber deutlich eingeschränkt. Den Verlauf der Straßen und Gassen bestimmten die vorhandenen Wege und Grundstücksgrenzen mit teilweise bereits bestehender Bebauung. Wer durch die Spandauer Vorstadt spaziert, kann feststellen, dass hier kaum zwei Straßen die gleiche Breite aufweisen.

Das Straßennetz orientierte sich zunächst an den Landwegen, die von den Toren fortführten. Strahlenförmig liefen vom Spandauer Tor vier Achsen (nach heutigen Straßennamen): Oranienburger Stra-

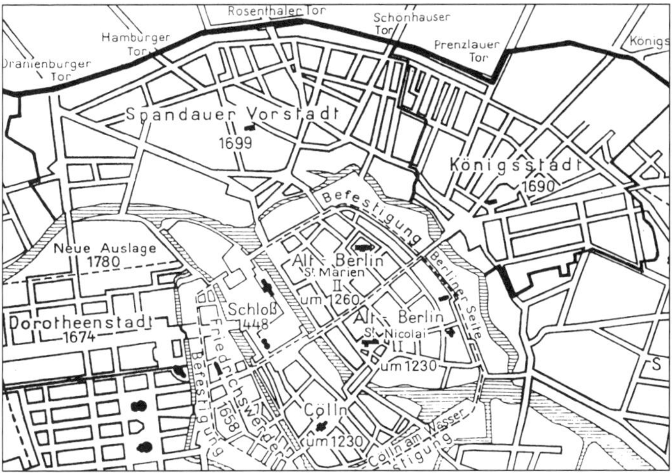

Teilansicht Plan Alt-Berlins um 1840; der nördliche Teilbereich zwischen Schönhauser und Prenzlauer Tor umfaßt das eigentliche Scheunenviertel

ße, Große Hamburger Straße, Rosenthaler Straße und Alte Schönhauser Straße. Einen exakten Schnitt- und Ausgangspunkt besitzen die Strahlen nicht, wohl weil das Spandauer Tor mit Anlage der Festung verlegt wurde und die Wege sich teils aufs alte, teils aufs neue Tor hin orientierten. Der Hackesche Markt und seine Umgebung erhielten ihre heutige Gestalt erst mit der Niederlegung der Bastionen nach 1740. Im Verlauf der Neuen Schönhauser Straße lässt sich noch heute die Zackenlinie der Bastionen erleben.

In der Verlängerung der heutigen Rathausstraße, etwa am S-Bahnhof Alexanderplatz, befand sich das Georgen- oder Königstor. Von hier liefen vier Strahlen (wieder nach heutigen Straßennamen): Karl-Liebknecht-Straße (ehem. Prenzlauer Straße), Otto-Braun-Straße, Landsberger Allee und Karl-Marx-Allee. Nahe der Spree lag dann noch das Stralauer Tor.

Von der historischen Situation ist aber „um den Alexanderplatz" wenig geblieben und fast nichts mehr erkennbar. Hier war einmal die Königsstadt, deren erste Teile Ende des 19. Jahrhunderts den Verkehrsanforderungen der Metropole weichen mussten. Weitere Änderungen brachten die 20er Jahre. Ab 1968 dann wurde das Gebiet in völlig neuem Maßstab modern bebaut. Wer etwa vom Bahnhof Jannowitzbrücke zur Karl-Marx-Allee durch die in offener Bauweise errichteten Wohngebiete schlendert, ahnt an manchen Straßennamen (Holzmarkt- und Magazinstraße) sowie an einzelnen „verquer" stehenden alten Häusern noch, dass hier eine ältere Stadt gewesen sein muss. Hier war und von hier wuchs der „Berliner Osten", das proletarische Berlin. Die Gegend östlich vom Alexanderplatz bildete nach 1900 das höchst lebendige Gegenstück zum feinen Westen, also zu Tiergarten und Charlottenburg. Eine Spurensuche nach dem Scheunenviertel, nicht nach dem konkreten Ort, sondern nach einer zerstörten und vergessenen Kultur, könnte und müsste auch hier erfolgen. Allerdings nur in Berichten und Dokumenten, denn zu sehen ist nichts!

Bei der Umgestaltung der „Hauptstadt der DDR" ab den 60er Jahren nahm der Alexanderplatz eine wichtige Scharnierfunktion ein. Hier traf die Hauptachse Karl-Marx-Allee im Winkel auf das später von Fernsehturm und Palast der Republik bestimmte Forum. Die baulichen Dimensionen haben mit dem Vorherigen kaum etwas zu tun. Die Prenzlauer Straße (seit 1969 Teil der Karl-Liebknecht-Straße) etwa wurde verlegt und auf ein Mehrfaches verbreitert. Wer über Münz- oder Hirtenstraße die Quartiere wechselt, empfindet die völlige Beziehungslosigkeit der Verhältnisse. Für den Stadtwanderer macht es wenig Sinn, östlich dieser Grenze nach Altem zu suchen. Aber wissen sollte er, dass das Scheunenviertel ein Teil des Berliner Ostens war.

Ein Eindruck dieser alten Stadt lässt sich heute nur noch in der Spandauer Vorstadt gewinnen. Darum zurück zu ihr und zur Geschichte ihrer Entstehung.

Die Haupt-Straßenachsen wurden benannt. Ihre äußere Grenze wurde durch die Akzisemauer bestimmt. Der Name stammt von einer nach 1700 eingeführten Verbrauchssteuer. An den Toren erfassten die Akziseschreiber den Warenfluss und selbstverständlich wurden bis ins 19. Jahrhundert alle hier Passierenden kontrolliert. Die neue Grenze war zunächst ein einfacher, ca. zwei Meter hoher Palisadenzaun, der zwischen Linien- und Torstraße verlief (ihren Namen erhielt letztere 1993 in Erinnerung an die alte Stadtgrenze). Die Akzisemauer umzog bis 1840 ganz Berlin; sie sollte außer ihrem fiskalischen Zweck auch die Desertion von Soldaten verhindern.

Es ist hier nicht möglich, die Entwicklung der über fünfzig Straßen und Gassen der Spandauer Vorstadt darzustellen. Der aufmerksame Stadtwanderer vermag sich vieles selbst zu erschließen. Da sind die schmale Stein- und Mulackstraße, nah beieinander liegend und bis ins 19. Jahrhundert Gassen geheißen. Sie wurden geschaffen für kleine Häuser mit bescheidenen Höfen und Gärten. Etwas großzügiger sind August- und Gipsstraße, von denen aber jeweils enge Gassen fortführen.

Die Sophienstraße verläuft in einem sanften Bogen. Das hat zur Folge, dass sie nicht in ihrer ganzen Länge überschaubar ist. Die sich wölbende Fassadenlinie bildet einen platzartigen Abschluss. Sie trifft auf die Rosenthaler Straße und, etwas versetzt, beginnt die Neue Schönhauser Straße. Die Straßen werden nicht als „Fluchten" erlebt, vielmehr treten die Häuserreihen zu Platz-Räumen zusammen. Abgeknickte Straßenverläufe, spitz- und stumpfwinklige Einmündungen finden sich überall und haben zur Folge, dass die vielfältigsten Stadträume entstehen.

Darin liegt ein besonderer Reiz dieses Stadtviertels. Eigentlich entspricht es nicht der barocken Stadtbaukunst, die ja auf rationale Ordnung, auf Blickachsen und Überschaubarkeit orientiert war. Und tatsächlich lässt sich auch jede dieser „Unregelmäßigkeiten" auf Anpassung an die Gegebenheiten und nicht auf Planung zurückführen. Zum Vergleich: In einem Zuge abgesteckt wurde die Auguststraße, schnurgerade führt sie als Achse durch die halbe Spandauer Vorstadt. Diese Kontraste machen das Viertel wertvoll – Städtebau wird eben von vielen Kräften geprägt.

■ Die Häuser des 18. Jahrhunderts

Die eben benannte Verschiedenheit der beteiligten Kräfte, zeigt sich nicht nur am Straßennetz sondern ebenso an den Häusern und Grundstücken. Es gibt Grundstücksflächen in fast allen nur denkbaren Abmessungen. Ebenso unterschiedlich sind die Grundstückstiefen, mit weit sich erstreckendem Gartenland (in den Straßen) und mit nur kleinen Höfen (in den Gassen).

Wie sahen die ersten Häuser aus? Untersuchungen an dem eher unscheinbaren zweigeschossigen Haus Große Hamburger Str. 19 A haben erbracht, dass es im späten 17. Jahrhundert erbaut wurde (Fälldatum der Dachstuhlhölzer 1690/91). Es ist damit das älteste erhaltene Haus der Vorstadt, vielleicht Berlins. An Stelle des Schlosses Monbijou befand sich die Meierei der Kurfürstin und schon der Schultz-Plan von 1688 vermerkt hier die Häuser eines Vorwerks. Die Forschungen von 1992 ergaben auch, dass das Haus 19 A ursprünglich um ein Viertel länger war. Die heutige Fassadengestalt stammt aus dem 19. Jahrhundert. Für 1711 wird die Zahl von 500 Häusern in der Spandauer Vorstadt überliefert, aber nur die wenigsten werden für damalige Verhältnisse so stattlich gewesen sein, wie das Haus Große Hamburger Straße 19 A. Die Erstbebauung bestand aus ein- und zweigeschossigen Häusern mit einer Breite von drei oder fünf, selten mehr Fensterachsen. In der Alten Schönhauser Straße sind bis heute zwei vierstöckige Häuser auf nur drei Achsen Breite erhalten (Nr. 25 und 45). Sie bezeichnen den von der Grundfläche her bescheidensten Typ.

Einen gewissen Standard dürfte im 18. Jahrhundert das fünfachsige so genannte Kolonistenhaus gebildet haben. Der Eingang in der Mitte führte in eine Diele, deren hinterer Teil als Schwarzküche diente. Links und rechts lagen jeweils Wohnungen, die aus Stube und Kammer bestanden. Die Küche wurde gemeinsam genutzt. Dies setzte sich im Obergeschoss fort. Unterm Dach lagen die Kammern für die Soldaten, die unterzubringen die Berliner Hausbesitzer verpflichtet waren. Das letzte erhaltene Haus dieses Typs (Sophienstraße 27) fiel 1980 der Sanierung zum Opfer. Überhaupt ist es wohl kein Zufall, dass von dem guten Dutzend erhaltener Wohnhäuser des 18. Jahrhunderts fast alle größer sind. Die kleinen und einfacher gebauten Häuser, zumeist in Fachwerk errichtet, waren eher verbraucht.

Nach 1785 wurde das Wohnhaus Neue Schönhauser Straße 8 errichtet. Die Fassade im friderizianischen Zopfstil kann als eine der schönsten und besterhaltenen Berlins gelten. Typisch für die Bürgerhäuser der Zeit ist die Hausbreite von sieben Achsen mit mittig gelegener Durchfahrt. In der Durchfahrt befindet sich die offene Treppe, die in ihrer eindrucksvollen Gestaltung daran erinnert, dass Treppenhäuser Repräsentationsräume waren. Kreisförmig um ein Treppenauge schwingt die Treppe empor. Die Treppenwangen forderten zu Schnitzwerk und Verzierungen heraus. Ähnliche Treppen existieren noch in der Auguststraße 69 („Kunst-Werke") und der Rosenthaler Straße 37. In der benachbarten Nr. 36 verfügt die Treppe über ein schmiedeeisernes Rokoko-Gitter.

Das Haus Sophienstraße 11 kann nicht so eine beeindruckende Treppenanlage aufweisen, dafür aber das im 18. Jahrhundert sicher häufige Mansarddach und auch noch barocke Kreuzstockfenster. Die Hausflucht ragt etwas vor, Zeichen dafür, dass die Sophien-

Teilansichten der Treppenhäuser in der Auguststraße 69 (links) und in der Rosenthaler Straße 37 (rechts)

Fassadendetail am Haus Neue Schönhauser Straße 8

straße nachträglich verbreitert wurde. Auch in der Oranienburger und in der Großen Hamburger Straße stehen die älteren Häuser vor der heutigen Straßenflucht.

Um 1800 entstand die Gipsstraße 11. Das Mäanderband über der Einfahrt und die flächenbetonte Fassadengliederung berichten davon, dass sich der Frühklassizismus als Architekturstil durchgesetzt hat. Bauherr und Besitzer war der Bildhauer Carl Ludwig Bettkober, auf den die Ausführung des Gesimses in Sandstein sowie der gestalterische Anspruch im Ganzen zurückzuführen sein dürften.

1789–91 entstand in der Oranienburger Straße 71/72 das Gebäude der Großen Landesloge der Freimaurer (Architekt: Christian Friedrich Becherer). Es wurde später aufgestockt und baulich in den großen Postkomplex einbezogen. Die Köpfe über den Portalen stellen Sokrates und Seneca dar.

Friedrich Nicolai beschreibt 1787 die Spandauer Vorstadt als freundliches Quartier mit zahlreichen Gärten, darunter Ziergärten und Obstplantagen, deren Besitzer in Alt-Berlin oder Alt-Cölln wohnten. Wohl waren die Straßen vollständig bebaut, dahinter aber blieb weiter Raum. Der Gartenbau besaß noch wirtschaftliche Bedeutung. Viele Bewohner waren Ackerbürger. Die häufigsten Handwerke bildeten die Weber und Strumpfwirker. Und natürlich wurde das Handwerk im Haus und auf dem zugehörigen Hof ausgeübt, welche damit mehr als nur Wohnstätten waren.

Als Vorstadt besaß das Viertel im 18. Jahrhundert nur einige wenige repräsentative öffentliche oder herrschaftliche Bauten. Der Name Monbijou-Park erinnert an das Schloss Monbijou. Es wurde im Krieg beschädigt und seine Reste um 1960 abgetragen. Der

Reichsgraf Kolbe von Wartenberg erbaute es 1703 anstelle der oben erwähnten kurfürstlichen Meierei. 1711 erwarb der König das kleine Lustschloss, später wurde es noch erweitert. Der Abriss gehört zu den vielen bedauerlichen Gebäudeverlusten der DDR-Zeit.

An der Oranienburger Straße entstand 1713 das Postillionhaus, Ursprung für das Postfuhramt und die anderen bedeutenden Postgebäude an diesem Ort. Auf der Spree kamen die Baustoffe für die Residenzstadt und wurden nahe dem Ufer gelagert. Die Namen Ziegel- und Kalkscheunenstraße berichten noch davon.

1712/13 entstand die Sophienkirche als Pfarrkirche der Spandauer Vorstadt. Sie wurde als großer Quersaalbau von sieben mal drei Fensterachsen mit Emporen gebaut. 1729–35 kam der Turm hinzu (Architekt: Johann Friedrich Grael). Während der Kirchsaal 1892 tief greifend umgestaltet wurde, blieb dieser Turm fast unverändert erhalten und ist heute der einzige barocke Kirchturm, den Berlin noch besitzt. Er ragt 69 Meter in die Höhe und seine schön geschwungene Haube bezeichnet in der Fernsicht gemeinsam mit der Kuppel der Neuen Synagoge die Lage des Viertels.

Bedeutend sind die Friedhöfe im Bereich der Spandauer Vorstadt. Der älteste ist der Jüdische Friedhof an der Großen Hamburger Straße. Er wurde 1672 angelegt, damals noch vor den Toren der Stadt. Die zeitlich nächste Friedhofsgründung war 1705 der Armenfriedhof. Dieser bestand bis 1840, dann musste er dem Koppenplatz weichen. Armenfriedhof und zugehöriges Armenhospital waren eine Stiftung des Ratsverwandten Christian Koppe, an den ein 1855 errichtetes Denkmal erinnert (Entwurf: Friedrich August Stüler). Auch dieser Friedhof lag bei Anlage noch außerhalb der Stadt. Die Auguststraße hieß nach ihm zunächst Armengasse, dann Hospitalstraße. Am Armenfriedhof war ein Hospital entstanden, das man sich wohl als Sterbehaus für Besitz- und Obdachlose vorstellen muss. Der Schriftsteller Karl Gutzkow schildert es in seinen Kindheitserinnerungen (die 1820er Jahre betreffend) als Furcht einflößenden Ort, von wo die Leichen als Sezierobjekte in die Anatomie geholt wurden. Dahinter „sah man einen baum- und blütenlosen Kirchhof. Da trocknete man Wäsche, Linnen wurde gebleicht. Zur Rechten lagen Gräber. Sie waren hie und da mit dünnem verbranntem Rasen bedeckt, doch alle namenlos, ohne Kreuze, ohne den Schatten eines Baumes, den Schmuck einer Blume".

1706 entstand der Garnisonfriedhof (Kleine Rosenthaler Straße), ebenfalls noch vor der Stadt aber rasch von dieser eingeholt. Die in Berlin stehenden Soldaten und ihre Familien waren in der Garnisonkirche (sie befand sich jenseits des S-Bahnhofs Hackescher Markt) eingepfarrt. Bis 1870 hatte der Friedhof noch die doppelte Größe und reichte bis zur Rückertstraße. Erhalten blieb nur der „Offiziers-

Blick zur Sophienkirche

friedhof". Dieser ist heute einer der kulturgeschichtlich interessantesten alten Friedhöfe Berlins. Sein Bild wird bestimmt von vielen gusseisernen Grabkreuzen und -denkmalen. Der Berliner Eisenkunstguss stand in der ersten Hälfte des 19. Jahrhunderts in hoher Blüte und einige der schönsten Beispiele für Grabdenkmale sind hier erhalten. Hier befinden sich die Gräber des Dichters der „Undine", Friedrich de la Motte-Fouque (gest. 1843), und des Generals Adolph von Lützow (gest. 1834, „Lützows wilde verwegene Jagd"). Seit 1996 werden Friedhof und Denkmale unter der Regie eines Fördervereins sorgfältig instand gesetzt. Der Förderverein betreibt auch eine sehenswerte Ausstellung im Verwaltergebäude.

■ Bauliche Entwicklung bis 1871

Um 1820 wuchs Berlin über die bis dahin noch weitgehend eingehaltene Grenze der Akzisemauer hinweg. Die Rosenthaler Vorstadt war bereits seit 1752 vor dem Rosenthaler und Hamburger Tor entstanden. Von den alten Vorwerken Wedding und Gesundbrunnen schob sich die Bebauung inzwischen an die Residenz heran. Vor dem Oranienburger Tor siedelte die Maschinenbauindustrie: Borsig, Schwartzkopff, Wöhlert und Pflug. In der Gartenstraße entstanden 1825 die Wülknitzschen Familienhäuser, berüchtigte Mietskasernen für etwa eintausend Bewohner. Über das Elend dieser Menschen verfasste Bettina von Arnim ihre Schrift „Dies Buch gehört dem König". Der Berliner Norden erhielt mehr und mehr ein proletarisches Gesicht.

Die Spandauer Vorstadt selbst wurde dadurch zu einem innerstädtischen Viertel. Über das ganze 19. Jahrhundert hindurch erfolgte eine fortschreitende Verdichtung der Bebauung. Die Häuser wurden aufgestockt, oder, wo das technisch nicht möglich war, abgerissen und neu erbaut. Die Gärten und Höfe wurden baulich erschlossen für Wohn- und Fabrikgebäude. Die Hofbebauung konnte, je nach Bauzeit, Grundstücksgröße und in Aussicht genommener Nutzung verschiedene Formen annehmen. Es macht einen großen Reiz der Spandauer Vorstadt aus, dass fast alle erdenklichen Formen von Höfen hier vorkommen.

So besitzt zum Beispiel die nördliche Seite der Sophienstraße recht tief sich erstreckende Grundstücke, die fast alle verschieden bebaut sind. Nr. 34 ist ein im Kern barocker Bau und auch der kurze Seitenflügel könnte noch ins 18. Jahrhundert zurückreichen. Das große Hinterhaus wurde modern verändert. Die Nr. 32/33a ist ein Doppelgrundstück (hier fiel im Zweiten Weltkrieg eine der ersten Bomben auf Berlin und der Schaden wurde, schon aus propagandistischen Gründen, sofort beseitigt).

Interessant wird das Gelände hinter Nr. 27 und 28. Der Hof gehört zur Nr. 28. Ganz an seinem Ende ist ein Gartenhaus mit einem so genannten Bohlenbinderdach. Die niedrigen Gebäude davor waren Stallungen und sind jetzt (unter Aufnahme der gewölbten Dachform des Hinterhauses) neu ausgebaut worden. Die Höfe der Nr. 23 und 24 sind heute parkartig gestaltet; das erhaltene Gartenhaus (mit der Galerie Sophien-Edition) verfügt noch über einen kleinen Maßstab. Ganz anders bei den Nr. 21/22 (Sophie-Gips-Höfe): Sie wurden Ende des 19. Jahrhunderts in höchster Verdichtung als Gewerbehöfe bebaut. Im Grunde genommen ähnlich auch die Nr. 18, nur dass hier anstelle von Werkstätten das Handwerkervereinshaus mit den Sophiensälen einzog.

Noch verwirrend-vielgestaltiger sind die Bebauungen an der Westseite der Rosenthaler Staße zwischen Hackeschen Höfen und Sophienstraße. Die Berliner Bauordnungen des 19. Jahrhunderts kannten keine hygienischen Regularien, sondern waren von der traditionellen Sorge um Feuersicherheit bestimmt: Die Hofgröße musste gewährleisten, dass auf ihnen eine Feuerspritze gewendet werden konnte (ca. 5 mal 5 Meter). Seltsame Formen nimmt die bauliche Verdichtung dort an, wo die Fläche ob ihrer Kleinheit eigentlich kaum Baumöglichkeiten bot. Die Mulackstraße Nr. 13 besitzt einen Seitenflügel von ca. drei Metern Tiefe und entsprechend winzigen Räumen. Das berühmte Zille-Wort, man könne einen Menschen mit einer Wohnung so gut erschlagen wie mit einer Axt, kommt dem Betrachter in den Sinn.

Andererseits findet er auch viele idyllische Winkel. Wer in der Oranienburger Straße 32 in die „Heckmann-Höfe" tritt, muss durch einen canyonartig engen Hof; dabei handelt es sich hier um ein

Heckmann-Höfe, Oranienburger Straße 32

gutbürgerliches Haus von 1887 mit repräsentativen Wohnungen auch im Hinterhaus.

Auf kleinen Höfen besitzen die Gebäude oft auch zum Hof hin architektonischen Schmuck. Als aktuelles Argument gegen die Gleichsetzung Hinterhof gleich Elend könnten die teuren Appartmenthäuser, die hier entstanden, gelten. Die soziale Anklage richtete sich, aus heutiger Sicht, weniger gegen die Hinterhäuser als gegen die Überbelegung der Wohnungen. Das berühmte „Stube und Küche" wurde von vier bis fünf Personen bewohnt und nicht von „Singles".

Die elenden „Scheunenviertel-Verhältnisse" erschließen sich dem

Stadtwanderer nicht unbedingt anhand der Häuser. In der heutigen Almstadtstraße (früher Grenadierstraße), welche ja einmal das Zentrum der Ostjuden bildete, blieb ein knappes Dutzend Häuser erhalten. Sie besitzen zum Teil noch schöne spätklassizistische Fassaden. Ein Kellerhals deutet an, hier war ein Laden im Keller und das Klingelbrett klärt uns über die Anzahl der Wohnungen auf. Wo aber befanden sich denn nun die bis zu fünf Betstuben in einem Haus, die Herbergen und Absteigen von denen vielfach berichtet wird? Wo waren die zahllosen Altkleiderhandlungen, die Carl Zuckmayer dazu veranlassten, seinen Schuhmacher Wilhelm Voigt hier den Hauptmannsrock für die Köpenickiade erwerben zu lassen? Wo waren die koscheren Restaurants, wo die kleinen Theater, von denen sämtlich berichtet wird? – Die Häuser zeigen davon nichts und eine Antwort lässt sich nur finden, indem man sich jeden Raum in intensiver und mehrfacher Nutzung vorstellt.

Einen Eindruck davon vermag das Gebäude Mulackstraße 22/ Steinstraße 21 zu vermitteln. Die Grundstückstiefe zwischen Stein- und Mulackstraße ist hier so gering, dass beide Häuser sich einen gemeinsamen Hof teilen. Sie wurden auch von einem Bauherrn 1862 gleichzeitig erbaut. In der Steinstraße gibt es straßenseitig einen Kellereingang, in der Mulackstraße zwei. Im Hof führt (Haus Steinstraße) eine Treppe in eine ehemalige Kellerwohnung. Im Haus Mulackstraße und im Seitenflügel gibt es weitere fünf Kellereingänge, zwei ebenerdige Türen, die in Ställe führten und ein Tor der Wagenremise. Der enge Hof beherbergte also mindestens ein Pferd, vielleicht weiteres Vieh. Die insgesamt acht Kellereingänge schufen den Zugang zu Läden, Wohnungen und Verschlägen, wo Gewerbetreibende ihre Materialien aufbewahrten. In den Wohnungen darüber wurden die Zimmer einzeln vermietet. Eine Gastwirtschaft, traditionell mit einem Fuhrbetrieb verbunden, existierte hier ebenfalls. Erstaunlich hoch ausgebaut ist der Dachboden, und da in der zweiten Hälfte des 19. Jahrhunderts mehrere Zigarrenmacher im Haus wohnten, lässt sich vermuten, dass hier Tabak getrocknet wurde.

Dieser Hof zwischen Mulack- und Steinstraße ist nicht nur ein eindrucksvolles Beispiel für die Enge, in der Menschen (und Tiere) miteinander in der Stadt lebten. Er berichtet auch davon, wie Wohnen und Arbeiten räumlich ungetrennt waren. Das Hauptgewerbe des 18. Jahrhunderts in der Spandauer Vorstadt, die Weberei, war mit der Erfindung des mechanischen Webstuhles verschwunden bzw. in ländliche Armutsregionen verdrängt. An ihre Stelle traten Schneider, Schuhmacher und, etwas später, die Zigarrenmacher, sämtlich Gewerke, die viel Handarbeit und eine nur geringe Werkzeugausstattung erforderten.

Aus den 50er und 60er Jahren des 19. Jahrhunderts sind uns einige der schönsten Fassaden in der Spandauer Vorstadt erhalten geblieben. Es sind spätklassizistische, manchmal etwas biedermeierlich wirkende Gestaltungen, nicht so plastisch pompös wie die Hochrenaissance-Fassaden zwei Jahrzehnte später. Ein Beispiel ist die Auguststraße 37 mit den Porträtmedaillons. Haben sich der Eigentümer und seine Frau hier darstellen lassen? Auch die oben erwähnte Fassade Mulackstraße 22 ist sehenswert. Das Hochparterre ist durch eine Rustikagliederung als Sockel ausgewiesen, die beiden Obergeschosse werden von Pilastern zusammengefasst. Das oberste Geschoss täuscht durch eine Schieferverblendung ein Mansardgeschoss vor. Während die späteren, viel plastischeren Stukkaturen als vorgefertigte Gipsteile angeschraubt wurden, mussten hier die Maurer unzählige Profile mit der Schablone ziehen. Auch wenn im Hause, wie uns heute scheint, die Armut wohnte, die Fassade ist ein Kunstwerk!

Zumeist etwas schlichter sind die Fassaden aus der ersten Hälfte des 19. Jahrhunderts. Ihre Schönheit liegt in der Ausgewogenheit der Proportionen, der Betonung einer möglichst klar gegliederten Wandfläche. Häufig gibt es einen leicht vorspringenden Mittelrisalit. Solche einfachen und sehenswerten Hausfronten findet man zum Beispiel in der Tucholskystraße, zwischen Oranienburger und Auguststraße. Diese Häuser sind „stille Schönheiten", ihr Betrachter muss sich auf sie einschauen. Wer sich bei seinen Erkundungen Zeit nimmt, entdeckt manches biedermeierliche Haus, welches fünfzig Jahre später durch gründerzeitlichen Stuck modernisiert wurde. Eine noch größere Anzahl erhielt Glatt- oder Rauputzfassaden und nur noch die schlanken Fensterprofile verraten etwas von der ursprünglichen Gestalt.

Etwas prächtiger aber immer noch maßvoll treten uns Haus und Hof Oranienburger Str. 27 („Kunsthof") entgegen. Der weite Hof wurde nicht in einem Zuge aber doch einheitlich Mitte des 19. Jahrhunderts bebaut. In seinem guten Erhaltungszustand dürfte er heute einmalig in Berlin sein. Aus nämlicher Epoche und ebenso sehenswert sind viele Häuser der Krausnickstraße, die erst in den 1850er Jahren angelegt und nachfolgend bebaut wurde. Die Häuser sind gut-bürgerlich und haben mit „Vorstadt" oder gar „Scheunenviertel" nichts zu tun.

Die Spandauer Vorstadt als inzwischen innerstädtisches Viertel nahm nun auch zunehmend entsprechende Funktionen auf. An erster Stelle ist dabei die Neue Synagoge in der Oranienburger Straße 30 zu nennen. 1859–66 nach Plänen des Architekten Eduard Knoblauch erbaut (nach dessen Erkrankung Weiterführung des Baus durch Stüler), bildete sie das bauliche Symbol für die bürgerliche

Blick in den „Kunsthof", Oranienburger Straße 27

Gleichstellung der Juden in Preußen. Die Neue Synagoge wurde in den Bombenangriffen des Krieges stark beschädigt; der eigentliche Synagogenraum in den 50er Jahren abgebrochen. Die Wiederherstellung der erhaltenen Vorhalle (mit Kuppel) und der Vorsynagoge begann 1988. Das denkmalpflegerische Programm sah dabei ein streng konservatorisches Vorgehen vor: Die Zerstörungen und Verluste sollten erkennbar bleiben. 1995 konnte hier die „Stiftung Neue Synagoge – Centrum Judaicum" im fertig gestellten Haus ihre Tätigkeit aufnehmen.

In der Großen Hamburger Straße 5–11 entstand 1851/52 das katholische St. Hedwig-Krankenhaus. Heute steht es an Tradition in

Berlin nur der Charité nach. Der Ursprungsbau wurde mehrfach erweitert, 1881 mit dem ersten Bauteil an der Straßenfront (mit dem Haupteingang), dem sich nördlich ein Verbindungsbau von 1905 anschließt, dem wiederum ein Bauteil von 1889 folgt.

Das alte Gebäude im Hof erhielt 1927 eine Aufstockung sowie eine Vor- und Eingangshalle in spätexpressionistischen Formen. Über achtzig Jahre wuchs der Komplex und immer wurde der „Grundton" der gewählten Architektur, die steinsichtige Fassade, beibehalten. Deren Entwicklung lässt sich darum hier in hervorragender Weise nachvollziehen. (Die in den 80er Jahren des 20. Jahrhunderts geplanten Erweiterungen können qualitativ leider nicht Schritt halten.)

In der Auguststraße 14–16 entstand 1858–60 – wiederum auf dem Hof – das Jüdische Krankenhaus. (Die Anlage beider Krankenhäuser und auch der Neuen Synagoge in der Grundstückstiefe ist bezeichnend: Nur hier standen um 1850 noch größere Bauflächen zur Verfügung. Die Hausgrundstücke an den Straßen konnten erst später stückweise hinzu erworben werden.) Das eigentliche Krankenhaus, einen symmetrisch gegliederten Ziegelverblendbau, entwarf Eduard Knoblauch, der Architekt der Neuen Synagoge. Zeitgleich entstand der Eingangsbau an der Straße, der östlich anschließende Ziegelbau 1875. Für die während und nach dem Ersten Weltkrieg nach Berlin gekommenen Juden bildete der Gebäudekomplex eine wichtige Anlaufstelle. Nach dem Auszug des Krankenhauses um 1914 hatten sich verschiedene Hilfseinrichtungen der Jüdischen Gemeinde hier niedergelassen.

Zu den wichtigen öffentlichen Gebäuden gehören die Schulen. In der Hirtenstraße 4 findet sich, ziemlich unerkannt und wie erschlagen von den benachbarten Hochhausscheiben, Berlins älteste erhaltene Gemeindeschule (von 1842). Das Haus ist verputzt, der Ziegelbau als Erkennungsmerkmal für Schulen und andere öffentliche Gebäude setzte sich erst etwas später durch.

Vor und nach 1870 entstanden zwischen Weinmeister- und Steinstraße gleich drei höhere Schulen: Sophiengymnasium, Sophien-Realgymnasium und Sophienschule (für höhere Töchter). Erhalten blieb davon nur das Rektorenwohnhaus des Sophiengymnasiums. Es sind dann in den kommenden Jahrzehnten weitere Schulbauten errichtet worden, Volksschulen, Lyzeen, eine Fach- und Fortbildungsschule (Linienstraße 162, heute Volkshochschule), zwei jüdische Schulen. Die höheren und die konfessionellen Schulen strahlten natürlich weiter über das Stadtviertel hinaus und ihre Bedeutung ist kaum hoch genug zu schätzen. Berlins Schulsystem galt in jener Zeit als beispielhaft. Sein Organisator, der Schulrat Bertram, war übrigens auch der erste Leiter des Sophien-Realgymnasiums.

Teilansicht Direktorenwohnhaus des ehemaligen Sophiengymnasiums in der Weinmeisterstraße 15

Hier wurden die Grundlagen für den wirtschaftlichen und wissenschaftlichen Aufschwung der Stadt gelegt. Das noch erhaltene Direktoratsgebäude an der Weinmeisterstraße 15 bildete zugleich den Eingang zum Gymnasium. Ein Fries mit antik-mythologischen Motiven unter dem Hauptgesims, Allegorien über dem Portal und Reliefs in der Durchfahrt (Kopien von Schinkels Bauakademie) stimmten die Eleven auf den hier herrschenden klassisch-humanistischen Bildungskanon ein. Eine besondere Bedeutung haben die Schulen auch für die jüdischen Zuwanderer gehabt: Bildung war der Weg zu gesellschaftlicher Anerkennung.

Zu nennen ist ferner das „Königliche Pfand-Leihamt" zwischen der Linienstraße 98 und der Torstraße 164. Das Bauwerk aus gelbem und rotem Backstein entstand 1847.

Ebenfalls in der Linienstraße, Nr. 128/129, fast am Oranienburger Tor, steht die älteste erhaltene Feuerwache Berlins (erbaut 1859).

■ Von der Reichsgründung bis zum Ende des Kaiserreichs

1871 wurde Berlin Reichshauptstadt. Es zählte in diesem Jahr über 800.000 Einwohner, fünfzehn Jahre zuvor waren es weniger als eine halbe Million, zehn Jahre später wird die Million überschritten. Berlin wird Deutschlands größte Industriestadt. Der manchmal als „wilhelminischer Gürtel" bezeichnete gewaltige Ring um das alte Berlin entstand innerhalb weniger Jahrzehnte. Die alte Spandauer Vorstadt, man sprach schon lange von Spandauer Viertel und Schönhauser Viertel, bildete nur noch einen Bruchteil der Großstadt. Was nun an Wohn- und Geschäftshäusern entstand, gibt es anderswo auch. Genauer betrachtet, zeichnet sich das Viertel für die kommenden Jahrzehnte in baulicher Hinsicht nicht durch das aus, was hier passierte, als vielmehr dadurch, dass bestimmte Entwicklungen hier *nicht* geschahen. Die sogenannte City-Bildung unterblieb. Dorotheen- und Friedrichstadt wurden zu Geschäfts- und Verwaltungsvierteln. Manchmal mit funktionalen Konzentrationen: Behrenstraße (Banken), Zimmerstraße (Zeitungsverlage), Hausvogteiplatz (Konfektion). Um 1910 wohnten dort fast nur noch Hauswarte. Damit verschwand auch alle ältere Bebauung.

Warum wurde die Spandauer Vorstadt nicht zur City? Ansätze gab es. Der Grund liegt wohl darin, dass sich das geschäftliche Berlin lieber nach Westen hin orientierte und vor allem *eine* Barriere schwer zu überschreiten vermochte: die Stadtbahn. Wir haben diesen Teil des Viertels (Dircksenstraße und Hackescher Markt) bisher kaum behandelt, aus dem einfachen Grund, weil er erst jetzt sein heutiges Gesicht erhielt. Die Festungsanlagen waren 1740 niedergelegt worden, noch aber floss der Spreearm hier. Im Bereich des heutigen Bahnhofs Hackescher Markt gab es zwei Brücken. Eine weitere kleine Brücke war bei der Rochstraße. Die nächste dann erst an der Königstraße (heute Rathausstraße). In Alt-Berlin lief hinter der Befestigungslinie die Neue Friedrichstraße: eine Randlage. Man war voneinander isoliert. Bis 1880 wurde der Spreearm zugeschüttet und auf ihm die dringend benötigte Ost-West-Bahnverbindung errichtet. Entlang der Hochbahn entstand die Dircksenstraße. Die Unterführung am Hackeschen Markt trägt noch heute den Straßennamen „An der Spandauer Brücke", so wie hier auch das Schild „Am Zwirngraben" zu finden ist. Sie erinnern an völlig andere Verhältnisse im Stadtraum.

Es hat nach 1870 nicht an Versuchen gefehlt, alte und neue Stadtgebiete miteinander zu verbinden. Der bedeutendste war die Anlage der Kaiser-Wilhelm-Straße (heutige Karl-Liebknecht- bzw. Rosa-Luxemburg-Straße). Bei ihr ging es darum, die „Linden" über den Lustgarten und eine neue Spreebrücke durch Alt-Berlin hin zu verlängern und schließlich einen Anschluss an Schönhauser und Prenzlauer Allee zu finden. (Man vergleiche etwa die schnurgerade und breite Achse, die vom Theodor-Heuss-Platz, ganz im Westen, bis auf den Schlossplatz führt.) Dass dem Vorhaben einige Alt-Berliner Straßen zum Opfer fielen, empfand man damals kaum als Verlust. Viel weniger den Abriss des Scheunenviertels.

In einem deutlichen Bezug zur Metropole entwickelten sich die Postgebäude an der Oranienburger Straße. Ihr Vergleich lässt auch das Stürmische der Entwicklung deutlich werden. 1875–81 entstand das Postfuhramt (Oranienburger Straße 35/36, Ecke Tuchols-

Relief am Postfuhramt Oranienburger Straße 35/36, Ecke Tucholskystraße

kystraße). Die reich geschmückte Ziegelfassade und das große Rundbogenportal mit der bekrönenden Zeltkuppel werden viel bewundert. Bautechnisch und formal erinnert vieles an die einige Schritte entfernte und zehn Jahre ältere Neue Synagoge. Der Spätklassizismus der Berliner Bauschule (Architekten Carl Schwatlo und Wilhelm Tuckermann) erreicht hier einen seiner letzten Höhepunkte.

Schräg gegenüber (Oranienburger Straße 73–76) liegt das ehemalige Haupttelegraphenamt, 1900–1913 erbaut. Es lohnt sich für den Betrachter, sich hier einmal die Dimensionen – Geschosshöhen und Rustizierung – zu vergegenwärtigen und dann den Blick auf die andere Straßenseite, auf die Fassaden des „Kunsthofes" und der Synagoge zu richten. Gegen das kaiserliche Posthaus erscheinen die älteren Häuser wie für kleinere Menschen erbaut. Richtig ist, dass die Post den pompösen Anspruch des kaiserlichen Berlins zum Ausdruck brachte. 1926/27 wurde der Postkomplex noch durch das Fernsprechamt in der Tucholskystraße 6–14 erweitert (Architekt: Felix Gentzen), an der Ecke Tucholsky-/Oranienburger Straße kam um 1960 ein Neubau für die Postfachschule hinzu. Mit dem alten Gebäude der Landesloge bilden sie gemeinsam ein architektonisch höchst disparates Ensemble, gerade dadurch aber auch ein Zeugnis anschaulicher Geschichtlichkeit.

In ähnlichen Dimensionen wurden nach 1900 die Warenhäuser gebaut (das Wort „Konsumtempel" kommt wohl auch von der Architektur). Das heutige „Kunsthaus Tacheles" in der Oranienburger Straße 54–56 A ist ein Rest eines solchen, 1907/08 erbauten Warenhauses, ab 1928 als „Haus der Technik" bekannt. Durch den noch vorhandenen gewaltigen Rundbogen führte ehemals der Weg durch eine Passage hin zur Friedrichstraße. Diese im Krieg stark beschädigten Teile wurden in den 80er Jahren leider abgetragen.

Bezeichnend für die Zeit nach 1900 ist auch die Entstehung der Hackeschen Höfe in der Rosenthaler Straße 40/41, Sophienstraße 6, für deren Errichtung 1906 drei ehemals separate Grundstücke zusammengelegt wurden. Architekturgeschichtlich wertvoll sind die dekorativen Arbeiten August Endells im ersten Hof sowie in den ehemaligen Ballsälen. Die aus farbig glasierten Verblendklinkern gebildeten Dekorationen des Hofes nehmen typische Ornamente des Jugendstils auf.

Die Zahl der erhaltenen Wohn- und Geschäftshäuser aus der Zeit vor 1914, welche, entweder durch ihre Einmaligkeit oder auch dadurch, dass sie wichtige Bautypen charakterisieren, Aufmerksamkeit verdienen, ist zu groß um hier behandelt zu werden. Vor allem an der Oranienburger Straße, die vor 1900 zu Berlins „guten Adressen" zählte, reihen sich Wohnpaläste, deren Glanz heute wieder in den frisch restaurierten Durchfahrten und Treppenhäusern erstrahlt, während der Fassadenschmuck zumeist verloren gegangen ist.

Erwähnt werden mag auch das Haus Neue Schönhauser Str. 13, welches Alfred Messel 1889 für die Voks-Kaffee- und Speisehallen-Gesellschaft erbaute. Es rechnet noch zu den nicht ganz eigenständigen Frühwerken des bedeutenden Architekten; das Stilvorbild der Deutschen Renaissance wird aber in der für Messel charakteristischen Qualität bis ins Detail zitiert und variiert. Das „Volkskaffeehaus" im Erdgeschoss war ein um 1900 viel beachtetes sozialreformerisches Unternehmen.

Das von Alfred Messel errichtete Haus in der Neuen Schönhauser Straße 13 beherbergte um 1900 das „Volkskaffeehaus"

Aufschlussreich zeigt sich das Viertel auch für diese Bauepoche wiederum dadurch, dass es Wachstum und Veränderung dokumentiert. Die wilhelminische Epoche prägt das Antlitz der Stadt noch heute, die weiträumigen, damals neu erbauten Gebiete zwischen Lichtenberg und Charlottenburg wurden recht planvoll erschlossen und meist zügig bebaut. Die entstandenen Viertel erhielten so einen einheitlichen Charakter und lassen, allein für sich betrachtet, nicht deutlich werden, wie groß die Veränderungen, Entwicklungen und Umbrüche auch innerhalb dieser vierzig Jahre waren. In der Spandauer Vorstadt sind die Fassaden in manchen Straßenzügen wie die Seiten eines architekturgeschichtlichen Lehrbuchs, jede eine andere Epoche oder Etappe verkörpernd.

■ Bauten der 20er und 30er Jahre

Eine architektonische Kostbarkeit von Rang stellt die Katholische St. Adalbert-Kirche dar oder zumindest deren Chorfassade an der Linienstraße. Die 1933/34 von Clemens Holzmeister erbaute Kirche liegt auf einem Hofgrundstück der Torstraße 168. Ihr Eingang dort ist wenig auffällig, das Innere wurde später verändert. Die Chorfassade erreicht die Bauflucht der Linienstraße, bindet sich dort in der Höhe in die vorhandene Wohnbebauung ein, bildet aber zugleich einen ausdrucksvollen plastischen Baukörper. Die Fassade ist mit gelblichen Klinkern verblendet. Über einem hohen Sockelgeschoss ist in sie eine halbrunde Apsis eingeschnitten. Die Bauformen sind, denkbar einfach, aus Kuben und diesem Halbzylinder zusammengesetzt. Nur ein kleiner Aufsatz für die Stundenglocke durchbricht die Symmetrie und erinnert zugleich an ein Stilvorbild.

Kino Babylon, Rosa-Luxemburg-Straße 30

Gemeint ist der mittelalterliche Kirchenbau der Franziskaner in Italien. Wie die Bettelmönche ihre Kirchen in die bestehende Stadt hinein bauten und sich dabei durch Strenge und Schmuckverzicht hervorhoben, hat auch der Wiener Architekt Holzmeister hier die besondere Würde eines Sakralraumes nicht durch auftrumpfende Formen sondern vermittels einer elementaren Klarheit zum Ausdruck gebracht.

Wichtig für die Epoche sind auch die 1927/28 von Hans Poelzig errichteten Wohnhäuser am Rosa-Luxemburg-Platz 31–37 mit dem Kino „Babylon" (Rosa-Luxemburg-Straße 30). Der Bau der „Volksbühne", etwas früher, 1913–1915, durch Oskar Kaufmann fertig gestellt, scheint am Übergang zwischen Jugendstil und moderner Sachlichkeit zu stehen. Er hat freilich, wie das Kino „Babylon" und die Wohnhäuser dort, durch Krieg und Nachkriegszeit manche Änderungen erfahren.

■ 1945–1989

Die Spandauer Vorstadt wurde im Krieg nicht weniger zerstört als andere Teile Berlins auch. Dass hier ein hoher Anteil historischer Bebauung erhalten blieb, hat eher mit dem Wiederaufbau zu tun. Die Stadtplanung wusste mit dem Viertel nichts anzufangen. Der zentrale Bereich, Alexanderplatz / Fernsehturm / Palast der Republik, wurde als „sozialistisches Zentrum" entwickelt. Das Straßengewirr hinter der Hochbahn blieb unbeachtet im Schatten. Bis in die 70er Jahre hinein war ja sogar die gründerzeitliche Stadt – in Ost und West – dem Abriss geweiht. Noch geringer wurden die älteren und kleineren Häuser geachtet. Instandsetzungen unterblieben. Was aus heutiger Sicht sein Gutes hat. In Friedrichshain und Prenzlauer Berg erhielten ganze Straßenzüge die einfachen Rauputzfassaden, eine Sparform der Modernisierung. In der Spandauer Vorstadt lohnte dieser Aufwand nicht. Die Entwicklung im Westteil Berlins besaß durchaus Parallelen: Im armen Kreuzberg geschah bis zur IBA 1987 ebenfalls weit weniger als etwa in Schöneberg oder Charlottenburg.

Ein Wandel im Denken setzte in der zweiten Hälfte der 70er Jahre ein. Ab 1981 wurde die Sophienstraße schrittweise rekonstruiert mit dem Ziel, hier eine „Flaniermeile" zu schaffen. Um in den Läden etwas Besonderes anzubieten – was in der DDR nicht einfach war –, holte man gezielt sogenanntes seltenes Handwerk hierher: Handweber, Töpfer, eine Strohflechterin. Wenige dieser Geschäfte haben bis heute ausgehalten. Aber selbst im Vorzeigeobjekt Sophienstraße reichte die wirtschaftliche Kraft nur für die Vorderhäuser, manchmal nur für die Fassaden. Größere Bewegung kam ab 1982 mit dem „innerstädtischen Bauen". Ihm lagen sowohl planwirtschaftliche

Überlegungen, wie solche, die man der damals aktuellen „städtebaulichen Rekonstruktion" zuordnen kann, zu Grunde. Beides ist den Ergebnissen anzusehen. Das innerstädtische Bauen sparte Erschließungskosten, verwendet wurde das Plattenbausystem WBS 70.

Die großen Blocks entlang der Rosenthaler Straße, Linienstraße und Almstadtstraße besitzen gestalterische Mängel. Sofern man darüber „hinwegschauen" kann, stellen sie allerdings auch die Straßen- und Stadträume wieder her. Übrigens wurde, um sie zu bauen relativ wenig abgerissen, sie entstanden anstelle von Baracken und Lagerplätzen. In die heutige Bewohnerstruktur bringen die Plattenbauten ein wichtiges Element: Hier harren die „Normalbürger" (oder wie immer man sie nennen mag) aus, während sich in den ganz neuen und in den ganz alten Häusern zunehmend die Schicht der Besserverdienenden etabliert.

Mitte der 80er Jahre baute die Kommunale Wohnungsverwaltung (heute Wohnungsbaugesellschaft Mitte) ein neues Bürogebäude in der Dircksenstraße 38/Ecke Rochstraße. Die Staatspläne sahen derartige Investitionen nicht vor, weshalb das Projekt dort als ein „Anbau" geführt werden musste – bezeichnendes Detail für die Verhältnisse. Die Fassade nimmt mit ihrer horizontalen Bänderung Bezug auf das hundert Meter weiter östlich stehende Verwaltungsgebäude der BVG (1929/30, Alfred Grenander) ohne es zu kopieren. Das von dem Architekten Klaus Bendler entworfene Haus wurde zu seiner Bauzeit von Fachleuten hoch geschätzt, durfte aber (siehe oben) keine öffentliche Beachtung finden.

■ Seit 1989

Heute nun ist die Spandauer Vorstadt in Berlin etwas geworden, was sie in ihrer ganzen Geschichte nie war: wichtig, etwas Besonderes. Ein Berlinbesuch, ohne in den Hackeschen Höfen gewesen zu sein, dürfte wohl als unvollständig gelten. Der Aufstieg des Viertels geschah übrigens unter dem Signet „Scheunenviertel". Das historisch richtigere „Spandauer Vorstadt" blieb ein Begriff für Fachleute. Sie erklärten die Spandauer Vorstadt 1990 zum „Flächendenkmal", heute heißt es „Denkmalschutzgebiet" und ist das größte Berlins. Die Spandauer Vorstadt wurde auch das erste „Sanierungsgebiet" im Ostteil der Stadt.

Die überlieferte Stadtstruktur bietet den Neubauten einen Rahmen, dem sie sich einzuordnen haben. Um neben den alten Häusern zu bestehen, müssen die neuen selbst Charakter und Qualität aufweisen. Das gelingt manchmal, häufig misslingt es.

Eines der großen Bauvorhaben der 90er Jahre waren die Häuser „Neuer Hackescher Markt". Direkt am Hackeschen Markt lag eine ausgedehnte Freifläche, die zunehmend für die Bebauung interes-

In den Hackeschen Höfen (Rosenthaler Straße 40/41, Sophienstraße 6), hier der 1. Hof mit Blick zur Westfassade

sant wurde. Nach einem Masterplan der Architekten Götz Bellmann und Walter Böhm erfolgte 1996–98 die einheitliche Bebauung, wobei der Eindruck erweckt wird, es handele sich um Einzelhäuser. Dieses Prinzip hat auch an anderen Orten Berlins Anwendung gefunden. Ob die Häuser bis ins Detail gelungen sind, lässt sich bestreiten, zwischen der großen geschwungenen Gesamtform und den Einzelheiten entwickelt sich jedenfalls ein reizvolles Spiel.

Am Hackeschen Markt 2, direkt gegenüber, wurde 2000 ein viel beachteter Neubau fertig gestellt. Er folgt geradezu gegensätzlichen Prinzipien: dort farbige Steinfassaden und traditionelle Fenster, hier eine fast durchgehende Glasfläche. Die Dachschräge der sich anschließenden Hackeschen Höfe wird aufgenommen, ein Gesims und andere Elemente der traditionellen Architektur aber gibt es nicht. Die Kritik lobte die bei aller Modernität gelungene Anpassung an den Nachbarbau; darin liegt auch die Großzügigkeit des Hauses. Die Geschosshöhen entsprechen genau denen der Hackeschen Höfe, verschwenderisch für heutige Verhältnisse. Die Wirkung aber ist überzeugend, besonders in den Abendstunden, wenn der Beobachter von der Straße die Bewegungen der Angestellten in den weiträumigen erleuchteten Großraumbüros verfolgt (Architekten: Grüntuch und Ernst).

Wichtiger als die Neubauten jedoch waren in dem Altstadtquartier die denkmalpflegerischen Arbeiten. Dabei half eine gut ausgestattete öffentliche Förderung mit verschiedenen begleitenden Planungs- und Beratungseinrichtungen. Diese trafen auf private Investoren, welche, freilich in unterschiedlichem Maße, auf die

Gegebenheiten Rücksicht nahmen, schon um aus dem „historischen Charme" Kapital schlagen zu können.

Nicht zu unterschätzen sind auch die Nachwirkungen der Hausbesetzer- und alternativen Kunstszene der Jahre 1990 bis etwa 1993. Das „Tacheles" und viele kleinere, internationale und sehr jugendliche Kunst-und-Wohnen-Projekte belebten das Viertel. Sie probierten und bewiesen seine Potenzen. Wenn neue Lokale die Werbeschriften aus DDR-Zeiten übernahmen, wie das „Obst und Gemüse", geschah dies sicher nicht ohne Ironie, hineinspielte aber doch auch ein Stück Respekt vor dem Vorhandenen. Die Alternativ-Szene hatte an der Instandsetzung des Viertels ihren Anteil, sie selbst freilich entzieht sich der Konservierbarkeit und ist heute verschwunden.

Eine Entdeckung besonderer Art waren die alten Wohn- und Gewerbehöfe: voran die Hackeschen Höfe. Schließlich bieten sie eine effektive Vermarktung der Grundstückstiefe durch Büros, Läden und Gaststätten (was auch früher so war). Interessant sind die Sophie-Gips-Höfe (als „Durchwegung" zwischen der Sophien- und der Gipsstraße): Farbiges Neonlicht belebt den engen alten Industriehof, lässt ihn größer erscheinen. Mehr als Oase der Ruhe in der Großstadt verstehen sich die Heckmann Höfe und der Kunsthof an der Oranienburger Straße. Im November 2002 wurden die Rosenhöfe an der Rosenthaler Straße 35 fertig gestellt. Die geschwungenen Metallgitter und Ornamente sind ein Markenzeichen des Berliner Architekten Hinrich Baller. Dass sie sich an einem der ältesten Häuser der Spandauer Vorstadt befinden, kann nicht jedem historisch Interessierten gefallen. Streng konservatorische Denkmalpflege wurde hier nicht betrieben, die lebendige und vielgestaltige Rosenthaler Straße aber nimmt es als Bereicherung.

Die Sanierung der alten Häuser ist heute weit vorangeschritten. Aber es gibt noch recht ausgedehnte Brachflächen, die auf eine Bebauung warten. Die Spandauer Vorstadt ist das baugeschichtlich vielgestaltigste Viertel Berlins; es bleibt spannend, wie es hier weitergehen wird.

Orte jüdischer Geschichte, Wissenschaft und Kultur

Wolfgang Feyerabend

Ab Mitte des 19. Jahrhunderts entwickelte sich die Spandauer Vorstadt zusehends zu einem Zentrum des Berliner jüdischen Lebens. Innerhalb nur weniger Jahrzehnte entstanden hier religiöse, soziale und wissenschaftliche Einrichtungen, die weit über die preußische Residenz- und spätere deutsche Reichshauptstadt hinaus Bedeutung erlangten. All das erfolgte nicht losgelöst vom Funktionswandel, den das Viertel insgesamt erfuhr. Aus dem einst stillen Vorstadtquartier, längst ins Weichbild Berlins integriert, war ein pulsierender innerstädtischer Bereich geworden, der neben dem tradierten Wohnen und Arbeiten mehr und mehr neue Aufgaben zu übernehmen hatte.

Allerdings besaß die jüdische Gemeinschaft bereits seit dem späten 17. Jahrhundert eine Einrichtung vor dem Spandauer Tor. Es war der 1672 angelegte erste Jüdische Friedhof Berlins. Das Grundstück, etwas mehr als einen halben Hektar groß, hatte Mordechai Model auf eigene Kosten erworben und als Begräbnisplatz zur Verfügung gestellt.

Mordechai Model gehörte zu den fünfzig aus Niederösterreich vertriebenen Familien, die durch das kurfürstliche Edikt vom 21. Mai 1671 die Genehmigung erhielten, sich in Berlin anzusiedeln. Das Datum bezeichnet zugleich die Geburtsstunde des modernen jüdischen Lebens, denn seit der Hinrichtung des Münzmeisters Lippold im Jahre 1573 und den damit verbundenen Vertreibungen hatte es fast einhundert Jahre lang keine Juden mehr in Berlin und der Mark Brandenburg gegeben.

Verwehrt blieb den Neuankömmlingen, anders als den Hugenotten oder den Protestanten aus Böhmen, die Gründung einer Gemeinde und mithin der Bau eines Gotteshauses. So waren der Friedhof und die Beerdigungsbruderschaft zunächst der einzige institutionalisierte Zusammenhang der Berliner Juden. Erst König Friedrich I. gestattete die Errichtung einer Synagoge. Sie entstand 1714 im alten Berlin, unweit des Spandauer Tors, in der Heidereutergasse 4.

Auf dem Alten Jüdischen Friedhof fanden namhafte Persönlichkeiten ihre letzte Ruhestätte, so der Finanzier Friedrich des Großen Veitel Heine Ephraim (1703–1775), der Münzpächter Daniel Itzig (1725–1799) und dessen Sohn, der Königliche Hofbaurat Isaak Daniel Itzig (1750–1806), der Arzt und Philosoph Markus Herz (1747–1803) und der Bankier Jakob Herz Beer (1769–1825), Vater des

Komponisten und späteren Generalmusikdirektors der Königlichen Oper Unter den Linden Giacomo Meyerbeer.

Markus Herz, zu den herausragenden jüdischen Gelehrten des 18. Jahrhunderts zählend, studierte in Halle/Sa. Medizin und bei Immanuel Kant in Königsberg Philosophie. Neben seiner Tätigkeit als Arzt und Leiter des Jüdischen Hospitals – es befand sich unmittelbar am Friedhof, in der Oranienburger Straße 6 – pflegte er philosophische und naturwissenschaftliche Vorträge in seiner Wohnung zu halten, zu denen sich die geistige Welt Berlins versammelte.

Seine Frau Henriette Herz (1764–1847) wurde die erste berühmte Salonière Berlins. Bei den gelehrten, weitgehend von Männern bestimmten Diskussionsabenden, die von ihrem Gatten veranstaltet wurden, begann sich die junge Frau bald zu langweilen und so rang sie ihm die Erlaubnis ab, sich einen eigenen geselligen Kreis schaffen zu dürfen, in dem über Literatur, insbesondere Goethe, gesprochen werden konnte. Wer den Salon der Madam Herz nicht gesehen habe, habe Berlin nicht gesehen, verkündeten bald zeitgenössische Reiseführer. Zu ihren prominenten Gästen zählten Carl Friedrich Zelter, Alexander und Wilhelm von Humboldt, die Brüder Schlegel und Friedrich Schleiermacher. Henriette Herz, die knapp ein Dutzend Sprachen beherrschte und Wilhelm von Humboldt in Hebräisch unterrichtete, war die Tochter von Benjamin de Lemos, Arzt und erster Direktor des Jüdischen Krankenhauses.

Auf dem Alten Jüdischen Friedhof wurde auch der große Philosoph Moses Mendelssohn (1729–1786) beigesetzt. Er entstammte bescheidenen Verhältnissen und kam mit vierzehn Jahren aus Dessau nach Berlin. Unterstützt von Gönnern, studierte er Sprachen, Philosophie und Mathematik. 1750 nahm er eine Hauslehrerstelle bei dem Seidenfabrikanten Isaak Bernhard an, dessen Geschäftspartner er später wurde. Neben der kaufmännischen Tätigkeit, die Mendelssohn ein Leben lang ausübte, schuf er ein umfangreiches literaturkritisches und religionsphilosophisches Werk, das den Ideen der Aufklärung und dem Geist der Toleranz verpflichtet war.

„Meine Maxime ist, ich lasse mir kein Vergnügen entgehen, das mit irgendeiner Vorstellungsart verbunden ist. Meine Vernunft muss nicht spröde tun und mir die unschuldigen Vergnügen dieses Lebens verleiden wollen. Die Philosophie soll mich glücklicher machen, als ich ohne dieselbe sein würde, und dieser Bestimmung muss sie treu bleiben. So lange sie eine gute Gesellschafterin ist und mich auf angenehme Weise unterhält, bleib' ich bei ihr. So bald sie vornehme, frostige oder gar saure Gesichter macht und üble Laune bekommt, lass' ich sie allein ... Ziemlich epikurisch werden Sie sagen. Es kann sein! Ich wähle auch aus den Systemen der Weltweisen immer dasjenige, was mich glücklicher und zugleich besser machen

Gedenkgrabmal für Moses Mendelssohn auf dem Alten Jüdischen Friedhof Große Hamburger Straße

kann", bekannte Moses Mendelssohn in einem Brief. Als Schatzmeister und Repräsentant der Jüdischen Gemeinde befasste er sich ganz praktisch mit der Verbesserung des Lebensalltags. Auf ihn ging die Initiative zur Gründung der Jüdischen Freyschule zurück, in der auch Kindern aus ärmeren Familien die Gelegenheit geboten wurde, sich eine umfassende Bildung anzueignen.

Von der Preußischen Akademie der Wissenschaften zum Mitglied gewählt, verweigerte König Friedrich II. die Aufnahme Moses Mendelssohns. Dem mutigen Eintreten seines Freundes für die Gleichberechtigung der Religionen und die Rechte der Juden setzte Gotthold Ephraim Lessing mit der Figur des weisen Nathan ein literarisches Denkmal.

Nahe dem Friedhof, in der Neuen Promenade 7, wohnte später der Bankier Abraham Mendelssohn, Sohn des Philosophen. Nachdem er mit seiner Familie vor der napoleonischen Besetzung aus Hamburg geflohen war, schlug er – bis zum Umzug an den Leipziger Platz – zunächst hier seine Zelte auf. Und bereits im Haus in der Neuen Promenade fanden die berühmten Sonntagskonzerte statt, bei denen die Kinder Fanny und Felix als Virtuosen brillierten. Während die Kompositionen von Felix Mendelssohn Barholdy (1809–1847) zum weltmusikalischen Erbe gehören, fand das Schaffen von Fanny Hensel (1805–1847) erst in jüngerer Zeit Beachtung und Anerkennung. Beider Grabmale befinden sich, wie auch die Grabstätte von Henriette Herz, auf den christlichen Friedhöfen vor dem Halleschen Tor.

Bis zum 24. Juni 1827 fanden auf dem Alten Jüdischen Friedhof Beisetzungen statt. Dann erwarb die Gemeinde ein Gelände an der

Schönhauser Allee. Obwohl von diesem Zeitpunkt an nicht mehr benutzt, blieb die Friedhofsanlage erhalten. Noch 1872 waren 2767 Grabstätten nachweisbar. Auf Befehl der Gestapo wurden 1943 die Grabmäler entfernt, später Splittergräben gezogen und ein Teil der Grabsteine für die Schanzarbeiten verwendet. Als Massengrab für gefallene deutsche und russische Soldaten sowie zivile Bombenopfer diente das Areal 1945. Nach dem Krieg wurde über dem Begräbnisplatz eine Grünanlage angelegt. Vor diesem Hintergrund wird das mahnende Wort des Berliner Schriftstellers Heinz Knobloch verständlich: „Misstraut den Grünanlagen!"

Eine Informationstafel am Eingang des Friedhofsgeländes und das Gedenkgrabmal für Moses Mendelssohn erinnern heute an die einstige Bestimmung des Ortes.

1844 entstand in der Großen Hamburger Straße 26, am Zugang zum Friedhof, ein Neubau für die fünfzehn Jahre zuvor gegründete und zunächst in der Oranienburger Straße 8 untergebrachte erste Altersversorgungsanstalt der Jüdischen Gemeinde. Die Gestapo ließ das Haus 1942 zum Gefängnis umbauen, um es als „Judenlager" zu nutzen. Auf dem Grundstück des noch kurz vor Kriegsende zerstörten Gebäudes erinnern ein Gedenkstein und die Figurengruppe des Bildhauers Will Lammert daran, dass von hier aus und weiteren Sammelstellen Berlins mehr als 55.000 Juden nach Auschwitz oder Theresienstadt deportiert wurden. Nur wenige der Menschen überlebten die Vernichtungslager.

In der Großen Hamburger Straße 27 errichtete Gemeindebaumeister Johann Hoeniger 1905/06 das Gebäude für die „Knabenschule der Jüdischen Gemeinde". Die Inschrift über dem Rundportal überdauerte die Nazi-Zeit. Ihre Vorläuferin hatte die Knabenschule in der 1778 gegründeten Jüdischen Freyschule, die von Daniel Itzig – auf Anregung Moses Mendelssohns – ins Leben gerufen wurde und bis 1826 bestand. David Friedländer und Isaak Daniel Itzig gehörten zu denen, die sich mit finanziellen Zuwendungen beteiligten. Die Knabenschule befand sich ursprünglich in der Rosenstraße 12, nahe der Alten Synagoge. Aber bereits 1863 erfolgte der Umzug in die Große Hamburger Straße.

Am 11. März 1942 wurde die Schule auf Betreiben des Reichssicherheitshauptamts geräumt und am 30. Juni 1942 geschlossen. Zusammen mit dem benachbarten Altersheim diente die traditionsreiche pädagogische Einrichtung fortan als Deportationssammelstelle. Zu DDR-Zeiten war in dem Gebäude eine Berufsschule untergebracht. Seit 1992 als Grundschule der Jüdischen Gemeinde genutzt, wurden ein Jahr später zusätzlich eine Realschule und ein Gymnasium, das allen offen steht, eingerichtet.

Eine Gedenktafel, die der Bildhauer Gerhard Thieme schuf, wurde

1983 an der Fassade des Schulgebäudes angebracht. Neben dem Porträtrelief von Moses Mendelssohn finden sich die berühmten Worte des Philosophen: „Nach Wahrheit forschen, Schönheit lieben, Gutes wollen, das Beste tun." Die Tafel wurde von Heinz Knobloch initiiert. Bis zur Zerstörung durch SA-Leute hatte von 1909 bis 1941 eine von Ludwig Marcuse geschaffene Büste Moses Mendelssohns im Vorgarten der Schule gestanden.

Gleich gegenüber, auf den Grundstücken Große Hamburger Straße 14/15, lässt sich „The Missing House" entdecken. Im Zweiten Weltkrieg war das Quergebäude der 1911 errichteten Wohnanlage zerstört und später abgetragen worden. Innerhalb des Berlin weiten Projekts „Die Endlichkeit der Freiheit" brachte 1990 der französische Künstler Christian Boltanski an den Brandmauern der stehen gebliebenen Gebäude Tafeln mit den Namen, Berufen und Wohndaten ehemaliger Mieter an, um an Krieg, Gewalt und Deportation zu erinnern. Einige der Mieter waren, wie Boltanskis Recherchen ergaben, jüdischer Abstammung gewesen. Die schlichte, aber eindrucksvolle Installation, eigentlich als temporäres Mahnmal gedacht, fand soviel Aufmerksamkeit und Zustimmung, dass die Tafeln nach der Sanierung des Gebäudekomplexes wieder angebracht wurden.

Eine weitere wichtige Einrichtung im Viertel, die Reform-Synagoge in der Johannisstraße 16, entstand 1854. In ihr war die sonst übliche Trennung nach Geschlechtern aufgehoben, Männer bedurften keiner Kopfbedeckung, und der Hauptgottesdienst fand, wie in den Kirchen, am Sonntagvormittag statt. Die Gründung der Einrichtung war eine Antwort auf den seit langem in der Gemeinde schwelenden Streit über Reformen des Ritus. Dahinter stand der hohe Assimilationsdruck, dem sich die Juden ausgesetzt sahen. „Das Judentum in Deutschland geht unrettbar der Liquidation entgegen, es handelt sich nur noch darum, anständig zu liquidieren", war noch bis zur Jahrhundertwende eine durchaus verbreitete Meinung, wie der Rabbiner Malwin Warschauer (1871–1955) in seinen Lebenserinnerungen festhielt. „Als erstrebenswertes Ziel galt die ‚Reform' (Johannisstraße)", notierte er.

Zweiter Rabbiner an der Reform-Synagoge wurde Ende des 19. Jahrhunderts Wilhelm Klemperer. Der Sohn, Victor Klemperer (1881–1960), seines Zeichens Philologe und während des NS-Regimes des Lehramts an der Technischen Universität in Dresden enthoben, veröffentlichte bereits nach dem Zweiten Weltkrieg das Buch „LTI. Die Sprache des Dritten Reiches", das in der Auseinandersetzung mit der Nazi-Ideologie nichts von seiner Aktualität eingebüßt hat und bis heute verlegt wird. Seine in den zurückliegenden Jahren aus dem Nachlass publizierten Tagebücher, in denen er den alltäglichen

Faschismus beschreibt, wurden ein Welterfolg. In der Autobiographie „Curriculum Vitae" erinnert sich Victor Klemperer auch an die Kindheits- und Jugendjahre in Berlin:

„Aber nun wurde ich als Konfirmand zum regelmäßigen Besuch des Sonntagsgottesdienstes angehalten und folgte ihm zum ersten Mal mit Aufmerksamkeit. Er erschütterte mich nicht gerade, aber er missfiel mir doch keineswegs wie der Bromberger Kult. Die deutschen Gebete waren einfach und wurden einfach vorgelesen, es gab keinen peinlichen Singsang, kein hässliches Wiegen der Oberkörper. Sehr schöne Musik, Orgel und Chor, Männer- und Frauensoli gleich gepflegt, war reichlich vorhanden; das Ganze dauerte nicht länger als anderthalb Stunden, und die Predigt im Mittelpunkt (nie über mehr als dreißig Minuten ausgedehnt) war mir durchaus nicht langweilig."

Die Debatte um den Ritus, aber auch die Märzrevolution von 1848 und deren Nachwirkungen sowie die Suche nach einem passenden Grundstück verzögerten lange den Neubau einer großen Synagoge. Als 1856 endlich ein geeigneter Bauplatz in der Oranienburger Straße 30 gefunden war, entsprang diese Standortwahl keinem Zufall. Mit den Einrichtungen, die es hier bereits gab, zogen auch mehr und mehr Menschen jüdischen Glaubens ins Viertel.

Nach den Plänen von Eduard Knoblauch, der bereits das alte Gotteshaus in der Heidereutergasse umgebaut hatte, wurde die Neue Synagoge von 1859 bis 1866 errichtet. Fast gleichzeitig entstand, ebenfalls nach Plänen Knoblauchs, das neue Gemeindekrankenhaus an der Auguststraße 14–16. Es konnte bereits 1860 eingeweiht werden. Die Fertigstellung der Neuen Synagoge hingegen wurde durch die Erkrankung Knoblauchs und die Übernahme der Planungsleitung durch Friedrich August Stüler sowie die Kriegsereignisse von 1864 und 1866 (Krieg gegen Dänemark bzw. Österreich) verzögert. In einem Artikel beschrieb 1865 der Redakteur der Kreuzzeitung, Theodor Fontane, seinen Lesern die im Bau befindliche Synagoge:

„Die neue Synagoge schreitet mehr und mehr ihrer Vollendung entgegen. Wer sich für die architektonischen Dinge interessiert, für die Lösung neuer, schwieriger Aufgaben innerhalb der Baukunst, dem empfehlen wir einen Besuch dieses reichen jüdischen Gotteshauses, das an Pracht und Großartigkeit der Verhältnisse alles weit in den Schatten stellt, was die christlichen Kirchen unserer Hauptstadt aufzuweisen haben. Übrigens sind es christliche Baumeister, die sich der Aufgabe unterzogen, diesen schwierigen Bau zu denken und auszuführen. Der Grundplan rührt vom Baurat Knoblauch her, nach dessen Erkrankung der Geheime Oberbaurat Stüler die weitere Durchführung übernahm. Von ihm, wenn wir nicht irren, rühren

Blick zur Neuen Synagoge in der Oranienburger Straße

unter anderem die Farbenangaben her, die bei einem Bau, der in seinem Innern so bunt ist wie ein türkischer Teppich, von höchster Bedeutung für die Gesamtwirkung waren. Die technische Ausführung geschieht unter Superintendenz des Baumeisters Hähnel. – Handelt es sich darum, den Bau zu klassifizieren, so bezeichnet man ihn vielleicht am besten als eine Basilika mit maurischen Details und Ornamenten. Das Weite, Hallenartige der Grundanlage, das hohe Mittelschiff mit der Apsis (und innerhalb derselben der turmartige gekuppelte ‚Oron', in dem die Gesetzesrolle aufbewahrt wird), das sind die Züge, die in dem Moment des Eintretens den Eindruck einer Basilika hervorrufen ..."

Fontanes Betonung der christlichen Baumeister sollte ganz offensichtlich jene national und judenfeindlich gestimmten Kreise beschwichtigen, denen die gesamte Richtung nicht passte. Mit dem Erlass vom 11. März 1812 waren den in Preußen lebenden Juden staatsbürgerliche Rechte zuerkannt worden. Obwohl dies noch keine völlige Gleichstellung bedeutete – sie wurde erst 1869 gewährt –, entfaltete sich das Gemeindeleben, und auch der jüdische Bevölkerungsanteil wuchs. Schon Mitte des 19. Jahrhunderts besaß Berlin eine der größten Jüdischen Gemeinden Deutschlands.

Während der Pogrome am 9. November 1938 schändeten SA-Männer die Neue Synagoge und versuchten, sie in Brand zu setzen. Nur durch das mutige Eingreifen des Polizeioffiziers Wilhelm Krützfeld vom Revier am Hackeschen Markt, konnte die Zerstörung abgewendet werden. An den „beherzten Reviervorsteher" erinnert am Neubau neben der Synagoge eine Gedenktafel.

Schließung und Zweckentfremdung des Hauses (im Krieg wurden hier u.a. Heeresuniformen gelagert) ließen sich leider nicht aufhalten. 1943, bei einem der Bombenangriffe auf die Stadt, erlitt das Gebäude schwere Schäden. Die hofseitige Ruine des Gottesdienstraumes wurde in den 50er Jahren abgeräumt. Die Wiederherstellung des ebenfalls zerstörten, aber stehen gebliebenen Eingangsbereiches begann 1988. Am 7. Mai 1995 wurde das (fragmentarische) Bauwerk als Sitz der Stiftung Neue Synagoge – Centrum Judaicum sowie als Museum und Begegnungsstätte zum zweiten Mal eingeweiht. In kleinerem Rahmen finden seitdem auch wieder Gottesdienste statt.

Von Anfang an hatte – mit Orgelmusik, einem aus Frauen und Männern bestehenden Chor sowie teilweise in deutscher Sprache gehaltenen Gottesdiensten – auch hier ein reformierter Ritus Einzug gehalten. Obgleich die Veränderungen behutsamer vorgenommen wurden als in der Reform-Synagoge, gab es dennoch unter einer Vielzahl von Gläubigen die Sorge, mehr und mehr von den Wurzeln des Judentums abgeschnitten zu werden. Menschen, die sich durchaus nicht von ihrer christlich geprägten Umwelt abwenden, aber doch ihre religiösen und kulturellen Traditionen weiterführen wollten. 1869 wurde deshalb Adass Jisroel ins Leben gerufen, eine Gemeinschaft Gleichgesinnter die 1872 aus der Gemeinde austrat und ab 1885 als Israelitische Synagogengemeinde Adass Jisroel die offizielle Zulassung als eigenständige Religionsgemeinschaft erhielt. In der Elsasser Straße (heute Torstraße) entstand das Gemeinde-Krankenhaus, das sich bis zur Linienstraße erstreckte. Mit mehreren Religionsschulen in der Stadt, einem weiteren Gemeindezentrum im Stadtbezirk Tiergarten, mit Realgymnasium und Oberlyzeum nahm Adass Jisroel eine wichtige Stellung im jüdischen

Blick in den 1. Hof der Häuser der Synagogengemeinde Adass Jisroel in der Tucholskystraße 40. Im 2. Hof stand das von den Nazis zerstörte Gotteshaus

Leben Berlins ein. In der Pogromnacht wurde die Synagoge verwüstet, ein Jahr später die Gemeinde aufgelöst. Die fünfundzwanzigtausend Bände umfassende Bibliothek des Rabbiner-Seminars ging vollständig verloren. Die Ruine des kriegszerstörten Gotteshauses überdauerte bis 1967. Dann erfolgte der Abriss.

1989 konnte die Gemeinde in den erhalten gebliebenen Gebäudekomplex wieder einziehen. Eine kleine Synagoge und das rituelle Bad wurden in den 90er Jahren eingeweiht. Die Wiedererrichtung der großen Synagoge ist vorgesehen. Im Vorderhaus befindet sich das Beth Café. Es dient als Treffpunkt der Gemeindemitglieder und steht darüber hinaus allen Gästen offen. Im Kolbo, einem von Adass Jisroel beaufsichtigten Geschäft in der Auguststraße 77, werden koschere Lebensmittel und jüdische Ritualien verkauft.

Zunächst in der Gipsstraße 12a befindlich, zog die Gemeinde

Im Kolbo, Auguststraße 77, können koschere Lebensmittel und jüdische Ritualien erworben werden

1904 in ein neues, größeres Haus in der Artilleriestraße 31 (heute Tucholskystraße 40), das nach Plänen des Architekten Johann Hoeniger erbaut worden war. Zu den Einrichtungen von Adass Jisroel gehörten das Gotteshaus mit dem Ritualbad, die Bachurim-und Talmud-Tora-Schule sowie das Rabbiner-Seminar. Dieses war 1873 von dem Rabbiner und Religionsgelehrten Esriel Hildesheimer (1820–1899) eröffnet worden, der als einer der Neubegründer der Orthodoxie gilt. Er stammte aus Eisenberg und studierte ab 1840 an der Berliner Universität. Vier Jahre später promovierte er in Halle/Sa. und wurde 1851 Rabbiner in seiner Heimatstadt. 1869 folgte er dem Ruf von Adass Jisroel nach Berlin, wo er bis zu seinem Tod das Rabbiner-Seminar leitete. Es wurde 1938 durch die NS-Behörden geschlossen.

1870 wurde die Hochschule für die Wissenschaft des Judentums gegründet. Zwei Jahre später begann der Lehrbetrieb in einem Haus an der Spandauer Brücke 8. Nach Fertigstellung des Neubaus durch Johann Hoeniger zog die Einrichtung 1907 in die Artilleriestraße 14 (heute Tucholskystraße 9). Neben der Rabbiner-Ausbildung nahmen von Anfang an Lehr- und Forschungstätigkeit und eine allseitige Vermittlung jüdischen Wissens breiten Raum ein.

„Die Hochschule für jüdische Wissenschaft ist für mich ein Friedensort in dem wilden Berlin und in den wilden Gegenden des Inneren ... Ein ganzes Haus schöne Hörsäle, große Bibliothek, Frieden, gut geheizt, wenig Schüler und alles umsonst. Freilich bin ich kein ordentlicher Hörer, bin nur in der Präparandie und dort nur bei einem Lehrer und bei diesem nur wenig, so dass sich schließlich alle Pracht wieder fast verflüchtigt, aber wenn ich auch kein Schüler bin, die Schule besteht und ist schön und ist im Grunde gar nicht schön, sondern eher merkwürdig bis zum Grotesken und darüber hinaus bis zum unfassbar Zarten (nämlich das Liberalreformerische, das Wissenschaftliche des Ganzen)", schrieb der Prager Schriftsteller Franz Kafka während eines Berlin-Besuchs 1923 an den Freund Robert Klopstock.

Das Gebäude war auf Kosten Nathan Bernsteins errichtet worden; durch Stiftungen und Spenden wurde die finanzielle Unabhängigkeit gegenüber Staat und Jüdischer Gemeinde gesichert. Auf Anordnung der Berliner Behörden musste die Einrichtung 1883 in Lehranstalt umbenannt werden. 1920 erfolgte die Rückbenennung.

Einer der namhaftesten Professoren war Leo Baeck (1873–1956). Nach dem Studium in Breslau und Berlin übernahm er Rabbinate in verschiedenen Städten und lehrte seit 1919 an der Hochschule für die Wissenschaft des Judentums Religionsgeschichte, Judaistik und Pädagogik. 1933 wurde er Präsident der Reichsvertretung (später Reichsvereinigung) der deutschen Juden. 1943, ein Jahr zuvor war die Schließung der Hochschule erfolgt, wurde er ins Konzentrationslager Theresienstadt deportiert. Er überlebte den Holocaust und ging 1945 nach England. Zu seinen wichtigen Schriften zählen „Wesen des Judentums" (1905), „Wege im Judentum" (1933) und „Dieses Volk" (1954).

In den 20er Jahren öffnete sich die Hochschule auch für Frauen. Zu ihnen gehörte Regina Jonas (1902–1944). Sie studierte von 1924 bis 1930. In ihrer Abschlussarbeit „Kann die Frau das rabbinische Amt bekleiden?" schrieb sie: „Möge bei aller Treue und Liebe zu unserem Schrifttum und seinen heiligen Vorschriften doch auch nicht vergessen werden, dass der Geist der Freiheit aus ihm spricht. Dieser Geist möge es sein, der für die Frau spricht und auf diese Frage erhellend wirkt ... Außer Vorurteil und Ungewohntsein steht ... fast nichts dem Bekleiden des rabbinischen Amtes seitens der Frau entgegen. So möge auch sie in einer solchen Tätigkeit jüdisches Leben und jüdische Religiosität um ihrer selbst willen in kommenden Geschlechtern fördern."

Regina Jonas arbeitete zunächst, weil eine erste Ordination scheiterte, als Religionslehrerin an Berliner Schulen. 1935 wurde sie im Rahmen einer Privatordination in Offenbach zur ersten Rabbinerin der Welt geweiht und erhielt 1937 eine offizielle Anstellung in der Berliner Jüdischen Gemeinde als Religionslehrerin und für die „rabbinisch-seelsorgerische Betreuung". Erst 1972 erhielt in Cincinatti, mit Sally Priesand, die zweite Frau die Ordination. Inzwischen sind mehr als 200 Rabbinerinen weltweit tätig. (Wie ungewöhnlich das aber bis heute geblieben zu sein scheint, lassen neuere Computer-Schreibprogramme ahnen, die mit sturer Regelmäßigkeit das Wort „Rabbinerin" als orthographischen Fehler unterstreichen.)

In der Lothringer Straße (heute Torstraße) am Rande des Viertels geboren, wohnte Regina Jonas mit ihrer Mutter zuletzt in der Krausnickstraße 6. 1942 wurde sie nach Theresienstadt deportiert und 1944 in Auschwitz ermordet. An dem heutigen Neubau, der sich an der Stelle des kriegszerstörten Vorgängerhauses befindet, wurde 2001 eine Gedenktafel angebracht.

Das einstige Gebäude der Hochschule für die Wissenschaft des Judentums, Ende der 90er Jahren saniert, trägt heute den Namen von Leo Baeck und ist Sitz des von Bonn nach Berlin umgezogenen Zentralrats der Juden in Deutschland.

Am Anfang des 20. Jahrhunderts siedelten sich nahe der Neuen Synagoge weitere Einrichtungen der Jüdischen Gemeinde an. Auf dem Grundstück Oranienburger Straße 28 erbaute Johann Hoeniger das Verwaltungsgebäude der Jüdischen Gemeinde. Untergebracht waren im Haus das Gesamtarchiv der deutschen Juden, die Hauptverwaltung und Hauptbibliothek sowie die Freie Jüdische Volkshochschule. Nach dem Zweiten Weltkrieg begann von hier aus der Wiederaufbau der Berliner Gemeinde. Seit 1998 ist hier wieder der Amtssitz des Vorsitzenden der Jüdischen Gemeinde zu Berlin. Im Hause befindet sich außerdem die Gemeindebibliothek. Im benachbarten Neubau, Oranienburger Straße 29, sind Büro- und Archivräume des Centrum Judaicum untergebracht.

In der Oranienburger Straße 31, einem von Bertha und Moritz Manheimer gestifteten Haus, befand sich zuvor das Jüdische Hospital, später Siechenheim. Der Architekt Alexander Beer baute das Gebäude um, und am 24. Januar 1933 eröffnete in den Räumen das Berliner Jüdische Museum. Im Februar 1936 fand nach dem Tod des Malers Max Liebermann die legendäre Gedächtnisausstellung statt, die 1997 in einem Ausstellungsprojekt im Centrum Judaicum rekonstruiert wurde. Nach dem Novemberpogrom von 1938 musste das Museum schließen. Die wertvollen Bestände gingen verloren. Im Hause sind heute die Zentralwohlfahrtsstelle der Juden in Deutschland und die Jüdische Galerie zu finden.

Das Jüdische Krankenhaus in der Auguststraße 14–16 wurde 1914 in die Weddinger Exerzierstraße (heute Iranische Straße) verlegt. In die leerstehenden Gebäude zogen in der Folge zahlreiche sowohl private als auch der Gemeinde angehörende karitative Einrichtungen ein, darunter das Mädchenheim des Jüdischen Frauenbundes, die Tagesstätte für Säuglinge, der Kindergarten des Wohlfahrtsamtes und das Kinderheim Ahawah. Im Februar 1943, während der sogenannten Fabrikaktion, wurden diese Kinder deportiert. „Und eines Tages standen da die Mütter mit den leeren Kinderwagen, die Kinder waren weggeholt worden, zusammen mit den Pflegeschwestern. Die Mütter haben stundenlang geheult und wollten nicht gehen", schreibt die Berliner Autorin Regina Scheer in ihrem aufrüttelnden Buch „Ahawah. Das vergessene Haus. Spurensuche in der Berliner Auguststraße". Eine bescheidene Gedenktafel am Eingang des Hauses erinnert an die Ereignisse.

Nebenan, Auguststraße 11–13, steht das zurzeit ungenutzte Gebäude der Mädchen-Volksschule der Jüdischen Gemeinde. 1927/1928 von Alexander Beer im Stil der Neuen Sachlichkeit erbaut, wurde es 1930 bezogen. Das von den NS-Behörden 1942 verfügte Verbot, jüdische Kinder zu unterrichten, bedeutete das Ende auch dieser Schule.

Außer den genannten Institutionen gab es in der Spandauer Vorstadt zahlreiche private Einrichtungen, die sich einerseits der Pflege religiöser Traditionen und andererseits den unmittelbaren sozialen Belangen verpflichtet fühlten. In der Gipsstraße 11 befand sich zeitweilig die Privatsynagoge Mogen David, und in der Kleinen Auguststraße 10 stand das Gotteshaus des Vereins Ahawas Scholaum, das in der Pogromnacht angezündet wurde. In der Gipsstraße 3 hatten der Israelitische Volkskindergarten und der Kinderhort ihren Sitz. Im Hause wohnten, darauf verweist eine Gedenktafel, Sala und Martin Kochmann in den 30er Jahren. Sie waren Mitglieder der jüdischen Widerstandsgruppe Herbert Baum.

Anfang Mai 1942 wurde, organisiert von der Reichspropagandaleitung der NSDAP, die hetzerische Ausstellung „Das Sowjetparadies" eröffnet. Den Anstoß dazu hatte Goebbels gegeben, als die deutschen Truppen an der Ostfront die ersten militärischen Niederlagen einstecken mussten. Am 18. Mai verübte die Baum-Gruppe einen Brandanschlag auf die im Lustgarten aufgebauten Zelte der Ausstellung. Da die Feuerwehr gleich zur Stelle war, entstand nur geringer Sachschaden. Menschen kamen nicht zu Schaden. Umso grausamer aber war die Reaktion des NS-Regimes. Am 27. Mai meldete die Gestapo ihren ersten Fahndungserfolg, die Verhaftung von Herbert Baum. Im Laufe der nächsten Tage und Wochen gingen auch die anderen Mitglieder den Häschern ins Netz. Herbert Baum nahm sich, um weiteren Verhören und Folterungen zu entgehen, am 11. Juni das Leben. Gegen Sala Kochmann, die ebenfalls einen Selbstmordversuch während der Haft unternahm und deshalb auf einer Trage zum Prozess transportiert werden musste, sprach das Sondergericht am 16. Juli das Todesurteil, vollstreckt am 18. August, aus. Martin Kochmann wurde am 29. Juni 1943 vor dem 2. Senat des Volksgerichtshofes „wegen Vorbereitung zum Hochverrat" zum Tode verurteilt. Das genaue Datum seiner Hinrichtung steht nicht fest, da die entsprechenden Akten fehlen. Die „Freigabe seiner Leiche" erfolgte am 23. Juli 1943.

Innerhalb Deutschlands blieben Herbert Baum und seine Mitstreiter eine der wenigen jüdischen Widerstandsgruppen. In einem Beitrag für das von Arno Lustiger herausgegebene Buch „Zum Kampf auf Leben und Tod! Vom Widerstand der Juden 1933–1945" nennt Arnold Paucker mehrere Gründe dafür, der entscheidende war sicherlich, dass die „jüdische Gemeinschaft... völlig isoliert und gänzlich wehrlos" war. „In dieser Beziehung nahm sie eine Sonderstellung ein, mit der keine ‚deutsche' Gruppe konkurrieren konnte. Jüdische Gemeinden waren Gesamtgeiseln für gefügiges Verhalten und mussten später im Krieg für die Handlungen ihrer Jugendlichen büßen... Als Vergeltung für den Anschlag auf die Nazi-Propagandaausstellung ‚Das Sowjetparadies' im Berliner Lustgarten durch die Baum-Gruppe wurden beispielsweise 500 Juden verhaftet, von denen die Hälfte sofort von der SS erschossen und die restlichen 250 später in Sachsenhausen ‚liquidiert' wurden."

Am Koppenplatz, nur ein paar Schritte von der Gipsstraße entfernt, erinnert das vom Bildhauer Karl Biedermann und der Garten-

Denkmal „Der verlassene Raum" am Koppenplatz

architektin Eva Butzmann geschaffene Denkmal „Der verlassene Raum" an die Deportation und Ermordung der Berliner Juden während der Nazi-Zeit.

Vom Widerstand eines Einzelnen, des Unternehmers Otto Weidt (1883–1947), muss ebenfalls berichtet werden. Im Hinterhof der Rosenthaler Straße 39 betrieb er eine Bürstenfabrik, in der er nach Beginn des Krieges blinde jüdische Zwangsarbeiter und -arbeiterinnen beschäftigte, um ihnen dadurch Schutz zu geben. Er bestach offizielle Stellen wie das Arbeitsamt oder die Gestapo. So gelang es, Ausweise und Lebensmittel zu besorgen. In einem hinteren Raum des Werkstattgebäudes versteckte er eine ganze Familie. Und obwohl es ihm, anders als Oskar Schindler, nicht gelang, die meisten seiner Mitarbeiter zu retten, steht sein Einsatz doch für ein Beispiel seltener Zivilcourage in dieser Zeit. Inge Deutschkron, eine Zeitlang bei Weidt angestellt, hat ihm in ihrem Buch „Ich trug den gelben Stern" ein literarisches Denkmal gesetzt:

„Weidt war etwa 60 Jahre alt und stammte aus kleinen Verhältnissen. Nie hatte er einen ähnlichen Wohlstand erlebt wie in jenen Kriegsjahren, in denen er mit viel Geschick durch ‚schwarz' hergestellte Waren viel Geld verdiente ... Ich bewunderte Weidt. Er war für mich eine Art Vaterersatz. Sein kämpferischer Geist imponierte mir, da ich durch mein Elternhaus kämpfen gelernt hatte ... Er arrangierte gesellige Abende in seinem Büro. Auf dem schwarzen Markt kaufte er Fleisch ein und ließ herrliche Mahlzeiten von der eine Treppe höher wohnenden Portiersfrau, die auch nicht ohne Grund freundlich zu uns war, zubereiten ... Diese Abende an einer improvisierten Tafel im Büro gehören zu den wenigen schönen Stunden, die mir aus jener Zeit in Erinnerung geblieben sind."

Gedenktafel für Otto Weidt in der Tordurchfahrt des Hauses Rosenthaler Straße 39

Auch nach dem Krieg und dem Ende der Nazi-Herrschaft sorgte Weidt mit seinem Vermögen und seiner Tatkraft unter den jüdischen Überlebenden für die Linderung der größten Not. Er selber starb, nachdem er immer wieder in der Öffentlichkeit Hilfe für die Notleidenden angemahnt hatte, völlig mittellos.

Eine Außenstelle des Jüdischen Museums Berlin betreut in den Hofgebäuden die ständige Ausstellung „Blindes Vertrauen". In der Tordurchfahrt des Vorderhauses wurde eine Gedenktafel für Otto Weidt in den Boden eingelassen.

Kleine Chronik des Scheunenviertels

Wolfgang Feyerabend

Die Geschichte des Gebietes beginnt mit der von Kurfürst Friedrich Wilhelm am 15. Juli 1672 erlassenen Feuerordnung. In ihr wurden Berlins Ackerbürger angewiesen, leicht entzündliches Erntegut außerhalb der Stadt zu lagern. Vor dem Georgentor, das zu den nach dem Dreißigjährigen Krieg errichteten Wallanlagen gehörte, entstand in der Folge ein Scheunen- und Speicherstandort. In seiner *Beschreibung der königlichen Residenzstadt Berlin* von 1786 skizzierte Friedrich Nicolai dieses Gelände:

„Aus dem mit der Hirtengasse parallel laufenden Teil der Linienstraße von der Verlornen bis zur Prenzlauer Straße laufen rechts ... vier kleine Gässchen, welche Kleine Scheunengassen heißen (weil in denselben meistenteils nur Scheunen sind), und zwar ... die erste, die zweite, die dritte, die vierte Kleine Scheunengasse. (Von ihrem) Ende geht in nicht völlig gerader Richtung ein Gang: die Kleine Scheunenquergasse genannt. Jenseit der Langen Scheunengasse geht: die Kurze Scheunengasse von der Linienstraße bis in die Hirtengasse. Alle diese Gässchen werden auch das *Scheunenfeld* genannt, weil hier 27 Scheunen stehn."

Die nördliche und südliche Grenze bildeten Linien- bzw. Hirtenstraße; im Osten wurde das Scheunenfeld von der Prenzlauer Straße (heute Karl-Liebknecht-Straße) und im Westen von der Verlornen Straße (Grenadier-, heute Almstadtstraße) begrenzt. Das Viertel erstreckte sich damit im Wesentlichen über den heutigen Rosa-Luxemburg-Platz. In den insgesamt sieben Scheunengassen, in denen nicht nur private, sondern auch Magistratsscheunen standen, begann um 1750 allmählich der Bau von Wohnhäusern. Mit dem Abbruch der alten Fortifikation am späteren Alexanderplatz und der schon in den 30er Jahren des 18. Jahrhunderts errichteten Palisadenumwehrung entlang der Circumvallationslinie (Linienstraße) lag das Gebiet nicht mehr außerhalb der Stadt und war damit für die bauliche Erschließung interessant geworden.

In Berlins erstem, von Neander von Petersheiden 1799 herausgegebenen Adressbuch finden sich neben den Scheunen denn auch schon etliche Wohn- und Gewerbebauten im Viertel verzeichnet. Die Ostseite der Vierten Scheunengasse ist zu der Zeit bereits vollständig bebaut und von 1 bis 8 durchnummeriert. Die Häuser entsprachen mit Satteldächern und drei Geschossen durchaus denen, die in den benachbarten Stadtteilen entstanden bzw. im Entstehen

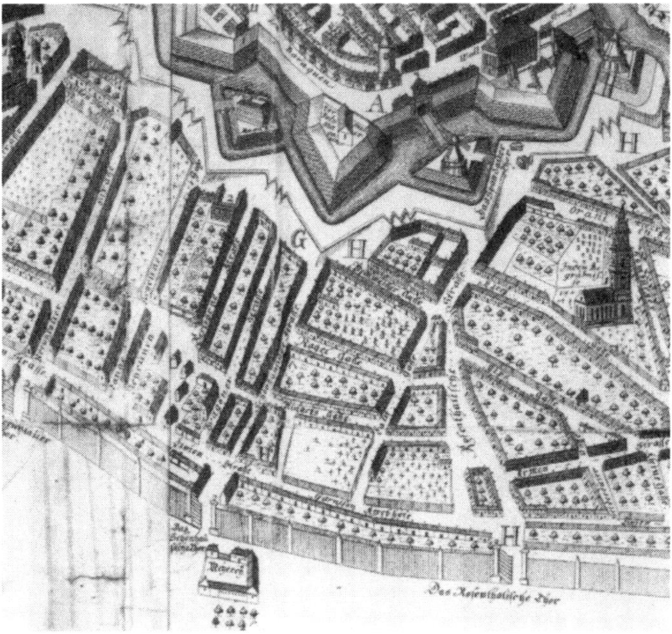

Ausschnitt aus dem Berlin-Plan von J.F. Walther, 1737
Links oben die Georgenkirche, rechts die Sophienkirche, etwa in der Mitte das Scheunenfeld zwischen Dragonerstraße und Langer Scheunengasse.

begriffen waren. Nur das Haus Vierte Scheunengasse 1 verwies in seiner Zweigeschossigkeit noch auf eine vorstädtische Prägung. Aus der Auflistung der Eigentümer und ihrer Berufe ergibt sich folgendes soziales Bild:

Nr. 1 Höpner, Bierschenker
Nr. 2 Raube, Seidenwirker
Nr. 3 Klein, Raschmacher (Wollweber)
Nr. 4 Förster, Tuchmacher
Nr. 5 Wacker, Tischler
Nr. 6 Beßmann, Pantoffelmacher
Nr. 7 Ziegler, Raschmacher
Nr. 8 Hannemann, Bäcker.

In den anderen Scheunengassen waren darüber hinaus ein Strumpffabrikant und ein weiterer Raschmacher sowie zwei Zeugfabrikanten und ein Spanischer Weber tätig. Auch die Mieterschaft in den Häusern bestand überwiegend aus Webern, Bandmachern, Posamentierern, Seidenwirkern, Tuchbereitern und Tuchmachern. In dem ursprünglich nur der landwirtschaftlichen Nutzung vorbehaltenen Gebiet hatten sich inzwischen textilverarbeitende Betriebe mit ihren Mitarbeitern angesiedelt.

Sie dürften im engen Kontakt zu den Firmen am Hackeschen Markt, der Seidenmouliniermühle am Zwirngraben, der Manufaktur für halbseidene Erzeugnisse Sasse in der Kommandantenstraße (Neue Promenade) und der Manchester- und nachmaligen Teppichfabrik Hotho am Monbijouplatz gestanden haben. Darüber hinaus waren in der nahen Linienstraße die Flanell-Fabriken Böke bzw. Brehme sowie in der Münzstraße die zu den ältesten Betrieben ihrer Art in Berlin zählende Wollmanufaktur von Friedrich Wilhelm Petsch ansässig. Weitere Textilfabrikationsstätten gab es in der Oranienburger Straße sowie in der Wassergasse (Artillerie-, heute Tucholskystraße). Friedrich Nicolai ordnete denn auch das Scheunenfeld dem westlich benachbarten Gebiet der Spandauer Vorstadt zu. Später wurde der Stadtteil zeitweilig unter die Verwaltung der im Osten angrenzenden Königsstadt gestellt.

In den 40er bis 60er Jahren des 19. Jahrhunderts erfolgte die Umbenennung der Gassen:

1. Scheunengasse	=	Füsilierstraße
2. Scheunengasse	=	Amalienstraße
3. Scheunengasse	=	Koblankstraße
4. Scheunengasse	=	Weydingerstraße
Lange Scheunengasse	=	Kleine Alexanderstraße
Kurze Scheunengasse	=	Bartelstraße

Die Kleine Alexanderstraße, an der sich seit 1816 die Kaserne des Kaiser-Alexander-Gardegrenadier-Regiments befand, und die Koblankstraße wurden im Laufe der Zeit bis zur Münzstraße verlängert. Die Kleine Scheunenquergasse wurde überbaut und verschwand aus dem Stadtbild.

Ab den 50er Jahren des 19. Jahrhunderts boten die winzigen Parzellen des inzwischen nicht mehr Scheunenfeld, sondern Scheunenviertel genannten Gebietes offenbar kaum noch Möglichkeiten, die Werk- und Fabrikationsstätten zu erweitern. Mit ihrer allmählichen Abwanderung siedelten sich nach und nach neue Gewerbezweige und neue Wohnmieter an. Baustelleneinrichtungen und Neubauten begannen die Scheunen zu verdrängen, von denen zwei allerdings noch bis in die 70er Jahre des 19. Jahrhunderts überdauerten. Zusätzlich wurden Umbauten auf den schon bewohnten Parzellen vorgenommen. Aufschluss über die baulichen Aktivitäten gibt ein Blick in die Akten der Feuersozietät:

Der Hausbesitz des Seidenwirkers Raube in der Vierten Scheunengasse 2 (Weydingerstraße) wurde erstmals am 5. Juni 1795 taxiert. Drei Versicherungsgegenstände finden sich aufgelistet: das Wohnhaus an der Straße mit drei Etagen, das Stallgebäude im Hof und der Brunnen. Wert des Anwesens: 2.900 Reichstaler. Knapp siebzig Jahr später hat sich das Bild unter dem inzwischen dritten Eigentümer, dem Schankwirt Daniel Lunow, deutlich verändert. In der praevia taxa von 1862 werden aufgeführt: 1. das Vorderhaus; 2. das Seitengebäude: 3. das Seitengebäude daneben; 4. das Stall- und Abortgebäude im Hofe rechts, die ausgemauerte Grube; 5. das Estaquet; 6. das Klinkerpflaster im Hofe, die Mistgrube mit eiserner Tür; 7. der Brunnen im Hofe mit hölzernem Schwengel; 8. die Gaseinrichtung.

Der Wert des Hausbesitzes war auf 6.025 Reichstaler gestiegen. Die dritte und letzte Eintragung in den Unterlagen wurde am 26. September 1867 vorgenommen. Ein Quergebäude war erbaut und ein Aschkasten mit eisernem Deckel angeschafft worden. Neuer Gesamtwert: 7.150 Reichstaler. Auch die Zusammensetzung der Bewohner veränderte sich allmählich. Handwerker unterschiedlichster Gewerke drängten ins Viertel. Handelsleute und kleine Beamte siedelten sich an. Hatten 1839 im Haus ausschließlich Textilarbeiter, nämlich drei Weber und ein Seidenwirker mit ihren Familien gewohnt, so verzeichnete das Adressbuch von 1863 nun 1 Feuerwehrmann, 1 Bauer, 1 Schuhmacher, 1 Weber, 1 Tafeldecker, 1 Holzhändler und, ohne Angabe des Berufs, 1 Witwe. Der Eigentümer residierte ebenfalls noch im Haus. Damit hatte sich die Anzahl derer, die auf dem Grundstück wohnten, verdoppelt.

Das entsprach Tendenzen, die stadtweit zu beobachten waren. Noch wurde Berlin von der Akzisemauer eingezwängt, gleichzeitig aber wuchs die Bevölkerung rasant. Bauliche Verdichtung der bestehenden Grundstücke, verbunden mit einer Überbelegung der Häuser, waren die Folge. Jeder freie Quadratmeter im innerstädtischen Bereich musste notgedrungen genutzt werden.

Die Möglichkeiten weiterer Veränderungen auf dem Grundstück indes scheinen ab 1867 ausgereizt gewesen zu sein. Zwischen 1871 und 1877, dem Jahr der letzten Eintragung, vermeldet die Versicherungsakte nur noch den raschen, dreimaligen Wechsel der Eigentümer, aber keine neuen baulichen Maßnahmen mehr. Die hochspekulativen Gründerjahre hatten sich auch dieses Stadtteils bemächtigt.

Auf anderen Parzellen wurden verschiedentlich noch Aus- und Umbauten bis Ende der 70er Jahre des 19. Jahrhunderts vorgenommen. In der Koblankstraße 15 etwa datieren die letzten Eintragungen von 1873 und in der Kleinen Alexanderstraße 15 von 1879. Dann aber erlahmt schlagartig jede weitere bauliche Tätigkeit. Mit den Planungen für eine die Straße Unter den Linden verlängernde Achse war klar geworden, dass das Scheunenviertel oder zumindest ein Teil davon zur Disposition stehen würde.

Nachdem der Architekt August Orth bereits 1871 einen ersten Plan zum Bau der Kaiser-Wilhelm-Straße (Rosa-Luxemburg-Stra-

Jüdische Geflügelhandlung in der Linenstraße, Anfang 20. Jahrhundert

ße) vorgelegt hatte, wurde das Projekt nach langen Kompetenz- und Planungsstreitigkeiten schließlich im Auftrag der Berliner Handelsgesellschaft unter der Federführung des Architekturbüros Cremer & Wolffenstein ab 1884 in Angriff genommen. Der erste bis an die Münzstraße herangeführte Straßenabschnitt konnte 1887 fertig gestellt werden, das zweite bis zur Hirtenstraße, also bis zum Scheunenviertel, reichende Teilstück 1892. Anschließend stockte die Weiterarbeit. Orth hatte bei seinen Planungen eine Straßengabelung vorgesehen, um sowohl die Schönhauser als auch die Prenzlauer Allee zu erreichen. An der Gabelung sollte ein Platz entstehen. Für das Vorhaben wurde fast das gesamte Areal der Scheunengassen benötigt, doch wegen Finanzierungsschwierigkeiten ging die Sache nicht voran. Der Abriss des Scheunenviertels wurde noch einmal aufgeschoben, jedoch dürften spätestens ab diesem Zeitpunkt die Häuser dem Verfall preisgegeben worden sein.

So waren, um beim Beispiel Weydingerstraße 2 zu bleiben, die Gebäude bereits 1891 weitgehend „entmietet" worden. Lediglich ein Schankwirt und eine von dem Eigentümer eingesetzte Verwalterin nutzten noch Räumlichkeiten auf dem Grundstück. 1906, im Jahr des beginnenden Komplettabrisses, sind die Wohnungen wieder voll belegt. Das Adressbuch vermeldet zehn Mieter. Der Hauseigentümer indes hat seinen Wohnsitz in Weißensee. Es liegt auf der Hand, dass es für die Grundbesitzer im Viertel nur noch um die „schnelle Mark" ging. Während auf den Grundstücken dreißig Jahre zuvor die letzten baulichen Veränderungen vorgenommen worden waren, wuchs nun, wie in der Weydingerstraße 2, die Bewohnerschaft auf Rekordzahl. Damit konnten nicht nur kurzfristig die Gewinne aus dem Mietzins erhöht, sondern vor allem gegenüber der Stadt, die den Grundbesitz für den Weiterbau der Kaiser-Wilhelm-Straße benötigte, der Immobilienpreis in die Höhe getrieben werden. Beengte Wohnverhältnisse, dazu eine marode Bausubstanz und schlechte hygienische Bedingungen dürften in diesen letzten Jahren für die Häuser des Viertels kennzeichnend gewesen sein.

Wer es sich leisten konnte, zog weg. Ärmere und ärmste Bevölkerungsschichten rückten nach. Ein Vorgang, wie er sich bis in die Gegenwart hinein oft genug wiederholt hat. Sind keine zahlungskräftigen Mieter mehr zu gewinnen, lassen sich die Wohnungen doch noch zimmer- oder bettweise aufteilen. Anhand der Mieterverzeichnisse ist ein regelrechtes „Verslumen" des Stadtteils jedoch nicht nachweisbar. Die soziale Mischung vom kleinen Beamten über den Kürschner bis zum Hausdiener findet sich so auch in den anderen Vierteln der Stadt. Allerdings muss manch zweifelhaftes Untermietverhältnis mitbedacht werden, das in den Adressbüchern nicht erfasst wurde, dazu diese oder jene Witwe, die sich mangels sozialer Absicherung ihren Lebensunterhalt als Prostituierte verdiente oder auch stellungslose Handwerker, die als Kleinkriminelle sich und ihre Familie über Wasser zu halten versuchten.

Über einhundertfünfzig Jahre, die weitaus längste Zeit seines Bestehens, war das Quartier weder „Problem"-Bezirk noch Unterweltviertel. Erst in den letzten Jahren, bis zum 1908 beendeten Abbruch, wird aus dem Quartier *s'dunkle Berlin*, wie es Heinrich Zille in Fotos, Radierungen und Zeichnungen festgehalten hat.

Das abgeräumte Areal des Scheunenviertels erhielt 1907 den Namen Babelsberger Platz und drei Jahre später den Namen Bülowplatz. Der Namenspate, Fürst von Bülow, hatte von 1897 bis 1909 das Amt des Reichskanzlers bekleidet. Wegen Differenzen mit Kaiser Wilhelm II. war er aus dem Amt geschieden. Die Ehre, eine Stadtbrache nach sich benannt zu sehen, dürfte ihn über den Verlust von Macht und Ansehen kaum getröstet haben. Zumal ein stadtplanerischer Wille für das Terrain lange Zeit nicht zu erkennen war. Zwischen Bauzäunen siedelten sich Markt- und Verkaufsstände an. Auf dem Bülowplatz entstand eine Bretterbudenstadt, in deren Umfeld nächtens die Prostitution blühte.

1913 wurde mit dem Bau der Volksbühne ein architektonisches Achtungszeichen auf dem Bülowplatz gesetzt. Den Anstoß hatte freilich nicht die Kommune, sondern der Verein „Freie Volksbühne" gegeben. Die 1897 neu begründete Besucherorganisation, deren Vorläufer „Freie Volksbühne" und „Neue Freie Volksbühne" 1896 unter Polizeiaufsicht gestellt worden waren und sich daraufhin erst einmal aufgelöst hatten, erwarb Grundstücke am Platz und ließ aus

Zur Randbebauung des Rosa-Luxemburg-Platzes gehört auch das heutige Karl-Liebknecht-Haus, Weydingerstraße 14–16

Spendenmitteln ihrer Mitglieder das Haus errichten. Für die Planungen wurde der Architekt Oskar Kaufmann gewonnen, der bereits 1907/08 das Hebbel-Theater erbaut hatte. Die Volksbühne, am 30. Dezember 1914 eingeweiht, bot der realistisch-zeitnahen Bühnenkunst ein Forum. Bis zu diesem Zeitpunkt hatte man lediglich Gastrecht in anderen Theaterhäusern der Stadt eingeräumt bekommen. So war Gerhart Hauptmanns sozialkritisches Drama *Die Weber* 1893 noch im Neuen Theater (Theater am Schiffbauerdamm) uraufgeführt worden. In den 20er Jahren, von 1924–27 unter der Intendanz von Erwin Piscator, gehörte die Volksbühne zu den führenden Theaterhäusern Deutschlands.

Ende der 20er Jahre schließlich wurde die Randbebauung des Bülowplatzes in Angriff genommen. Für die Pläne zeichnete Hans Poelzig verantwortlich. Der ausgedehnteste der Blöcke, in dem das Kino Babylon untergebracht ist, erstreckt sich entlang der Weydinger-, Hirten- und Kleine Alexanderstraße. Wie auch andere Architekten der Moderne orientierte sich Poelzig nicht an den bestehenden Strukturen, sondern versuchte Stadträume zu gestalten, die den neuen Anforderungen gerecht wurden. Die Brache Bülowplatz bot beste Voraussetzungen dafür. Da die Planungen nur teilweise ausgeführt wurden und das Areal im Zweiten Weltkrieg außerdem schwere Schäden erlitt, sind die Poelzigschen Intentionen heute nicht mehr auf den ersten Blick zu erkennen. Als Vergleich kann aber durchaus Erich Mendelsohns berühmter Woga-Komplex mit der Schaubühne am Lehniner Platz herangezogen werden.

Der Bülowplatz wurde in den späten 20er/frühen 30er Jahren

immer wieder Ort gewalttätiger politischer Auseinandersetzungen. In dem heutigen Karl-Liebknecht-Haus, Weydingerstraße 14–16 (Bundeszentrale der PDS), einem vor dem Ersten Weltkrieg erbauten Bürogebäude, hatte seit 1926 das Zentralkomitee der Kommunistischen Partei seinen Sitz. Straßenkämpfe zwischen Rot-Front-Kämpferbund und SA-Trupps sowie der Polizei waren an der Tagesordnung. Hier wurden auch die beiden Polizeioffiziere Anlauf und Lenk erschossen. Der späte Prozess, in dem sich der ehemalige Stasi-Chef Mielke auf der Anklagebank wiederfand, machte in den 90er Jahren Furore.

Im Januar 1933 erlebte der Bülowplatz die letzte große Demonstration gegen die Machtübernahme Hitlers. Wenige Monate später wurde das Areal in Horst-Wessel-Platz umgetauft und mit Denkmalen für die nazistischen „Vorkämpfer" ausgestattet.

Die ergänzende Platzrandbebauung, mit zum Teil noch der architektonischen Moderne verpflichteten Gebäuden, erfolgte durch den Architekten Richard Ermisch.

Nach dem Zweiten Weltkrieg hieß der Platz zunächst Liebknecht-Platz, ab 1947 Luxemburgplatz und seit 1969 Rosa-Luxemburg-Platz.

Als zwischen 1890 und 1906 die alten Scheunengassenhäuser erst dem Verfall preisgegeben und dann nach jahrelangem Leerstand abermals vermietet wurden, mögen hier und da in den billigen Unterkünften auch mittellose ostjüdische Flüchtlinge untergekommen sein. Die Adressbücher der entsprechenden Jahre geben allerdings darüber keine Auskunft. Eigentlicher Anlaufpunkt dürften freilich von Anfang an die Straßen gewesen sein, die zwar am Rande des Scheunenviertels lagen, aber schon nicht mehr zu diesem Quartier gehörten. Hier, in der Grenadier- und Dragonerstraße, Hirten- und Linienstraße, gab es ebenfalls preiswerten Wohnraum, denn der bauliche und soziale Abstieg des Scheunenviertels hatte auch Auswirkungen auf die unmittelbar benachbarten Gebiete gehabt. Längst war der Mittelstand in andere Wohngegenden gezogen.

Ab Ende des 19. Jahrhunderts kamen ostjüdische Einwanderer in nennenswerter Zahl nach Berlin. Pogrome und die aggressive judenfeindliche Politik unter Teilen der orthodoxen Geistlichkeit vertrieben mehr und mehr Menschen aus Russland, Polen und dem Baltikum. „Ein Strom von solchen Landflüchtlingen ergoss sich durch Deutschland nach Amerika; aus Furcht, manche könnten hier bleiben, sammelte man sie, außerhalb Berlins, auf dem ‚Auswandererbahnhof' Ruhleben bei Spandau. Diese Not, die 1901 zur Gründung des Hilfsvereins der deutschen Juden führte, griff allen jüdisch fühlenden Menschen ans Herz", beschreibt Rabbiner Malwin

Warschauer die Situation in seinen Lebenserinnerungen. Während des Ersten Weltkriegs und in den 20er Jahren folgten weitere Flüchtlinge. Wer in Berlin blieb, fand zumeist in diesem „neuen" Scheunenviertel eine erste Bleibe.

In Joseph Roths 1922 erschienenen Essay „Juden auf Wanderschaft" heißt es: „Es gibt nur ein paar kleine Judenstraßen, in der Nähe der Warschauer Brücke und im Scheunenviertel. Die jüdischste aller Berliner Straßen ist die traurige Hirtenstraße.

So traurig ist keine Straße der Welt. Die Hirtenstraße hat nicht einmal die hoffnungslose Freudigkeit eines vegetativen Schmutzes.

Die Hirtenstraße ist eine Berliner Straße, gemildert durch ostjüdische Einwanderer, aber nicht verändert. Keine Straßenbahn durchfährt sie. Kein Autobus. Selten ein Automobil. Immer Lastwagen, Karren, die Plebejer unter den Fahrzeugen. Kleine Gasthäuser stecken in den Mauern. Man geht auf Stufen zu ihnen empor. Auf schmalen, unsauberen, ausgetretenen Stufen. Sie gleichen dem Negativ ausgetretener Absätze. In offenen Hausfluren liegt Unrat. Auch gesammelter, eingekaufter Unrat. Unrat als Handelsobjekt. Altes Zeitungspapier. Zerrissene Strümpfe. Alleinstehende Sohlen. Schnürsenkel. Schürzenbänder. Die Hirtenstraße ist langweilig vororthaft. Sie hat nicht den Charakter einer Kleinstadtstraße. Sie ist neu, billig, schon verbraucht, Schundware. Eine Gasse aus einem Warenhaus. Aus einem billigen Warenhaus. Sie hat einige blinde Schaufenster. Jüdisches Gebäck, Mohnbeugel, Semmeln, schwarze Brote liegen in den Schaufenstern. Ein Ölkännchen, Fliegenpapier, schwitzendes.

Außerdem gibt es da jüdische Talmudschulen und Bethäuser. Man sieht hebräische Buchstaben. Sie stehen fremd an diesen Mauern. Man sieht hinter halbblinden Fenstern Bücherrücken."

Eines der bekanntesten Bethäuser befand sich in der Grenadierstraße 36 und 37 (heute Almstadtstraße 26 und 28). In der Grenadierstraße 31 (heute Almstadtstraße 16) hatten neben mehreren Betstuben (u.a. Radomsker, Gerer Stiblach) eine Herberge, ein koscherer Lebensmittelladen und die jüdische Religionsschule Talmud Thora Ez Chajim ihren Sitz. Anerkannter religiöser Führer der Ostjuden in Berlin war der Rabbiner Abraham Mordechai Grynberg.

In der Grenadierstraße 24 (heute Almstadtstraße 5) betrieb Leo Löwenthal eine Gaststätte, in deren Saal das Jiddische „Theater des Centrums" auftrat. Alexander Granach (1893–1945) besuchte als Kind die Aufführungen. Er absolvierte später die Schauspielschule von Max Reinhardt und erhielt 1910 ein Engagement am Deutschen Theater. Zwischen den beiden Weltkriegen entwickelte er sich zu einem der herausragendsten Charakterschauspieler im gewiss nicht talentarmen Berlin.

Almstadtstraße 11 (ehem. Grenadierstraße Nr. 22), das Gebäude der ehemaligen Essigfabrik Heinn

In der Grenadierstraße 22 verkaufte die Firma Lewin jüdische Schallplatten. Micha Michalowitz erinnerte 1937, in einem Beitrag für das Israelitische Familienblatt, an das zu diesem Zeitpunkt bereits verschwundene Geschäft: „Ein freundlich-sympathischer Mann tritt mir entgegen, und da wir sofort und im ersten Augenblick einander verstehen, und meine offensichtliche Interessiertheit ihn beglückt, zeigt er mir viele Stücke seiner Platten-Sammlung, die er selbst, hier von diesem kleinen Laden aus, geschaffen hat. Denn von hier gehen diese Platten in die Welt hinaus, unter seiner eigenen Marke, ‚Semer', das ist das hebräische Wort für Lied, Gesang. Von hier verkauft und versendet er sie nach Palästina, nach Süd-Amerika, nach den Vereinigten Staaten und nach den Ländern des Ostens, überallhin wo eben Juden wohnen."

Eine wichtige Adresse im Scheunenviertel stellte die Dragonerstraße 22 (heute Max-Beer-Straße 5) dar. Hier eröffnete 1916 das Jüdische Volksheim, das über einen Kindergarten und eine Beratungsstelle für Eltern verfügte. In den hauseigenen Tischlerwerkstätten wurden arbeitslose Jugendliche beschäftigt. Vortrags- und Diskussionsabende fanden statt. Zu den Gründern der Einrichtung gehörte der Religionswissenschaftler Gershom Scholem, der in den 20er Jahren nach Palästina ging. In seiner Autobiographie „Von Berlin nach Jerusalem" berichtet er anschaulich über diese Zeit. Martin Buber und Salman Schasar, später israelischer Staatspräsident, nahmen an den Veranstaltungen im Volksheim teil.

Ähnlich wie Joseph Roth erlebte auch Alfred Döblin das Viertel in den 20er Jahren: „Der Bülowplatz trägt die pompöse ‚Volksbühne';

umringt ist er von wüsten Lagerplätzen für Alteisen, Schienen. Sehr lebhafter Wagenverkehr; es wimmelt von Menschen. Und immer ‚Gelegenheitskäufe', Tuchläden, Uhrmachergeschäfte, Stiegel. – Links die Grenadierstraße. Hier scheint ein Dauerauflauf zu sein. Der Damm ist von Menschen besetzt; sie kommen und gehen aus den winkligen, uralten Häusern. Das ist ein ganz östliches Quartier, das gutturale Jiddisch dominiert. Die nicht zahlreichen Läden tragen hebräische Inschriften; ich treffe Vornamen: Schaja, Uscher, Chanaine. In Schaufenstern zeigt ein jüdisches Theater an: ‚Jüdele der Blinde, fünf Akte von Joseph Lateiner.' Jüdische Fleischereien, Handwerkerstuben, Buchläden. Das bewegt sich in unaufhörlicher Unruhe, blickt aus den Fenstern, ruft, bildet Gruppen und tuschelt in finsteren Hausfluren."

Deportation und Ermordung löschten das jüdische Leben im Viertel aus. Krieg und Nachkriegszeit zerstörten schließlich auch noch die Spuren, so dass heute kaum noch etwas an diese verloren gegangene Welt der Ostjuden erinnert.

Barmherzigkeit für jedermann – das St. Hedwig-Krankenhaus

Veit Stiller

Ein großer roter Backsteinbau, im Mischmasch der Neostile errichtet und gerade frisch vom Sandstrahl verjüngt, bestimmt zwischen Sophien- und Krausnickstraße das Bild der Großen Hamburger Straße. Nur leicht zurückgesetzt, zieht er in der engen Straße nicht gerade die Blicke auf sich, aber der sinnierende Flaneur wird zuweilen durch Blaulicht und Martinshorn von Notarztwagen, die in einer seitlichen Tordurchfahrt verschwinden, aus seinen Betrachtungen gerissen. Hier, im Herzen der Spandauer Vorstadt, nicht in der Mitte – wohlgemerkt, hat das St. Hedwig-Krankenhaus seinen Sitz.

Westlich grenzt das katholische Klinikum an die Neue Synagoge und auf der anderen Seite trennen es die Straße und eine Häuserreihe von der evangelischen Sophienkirche. Ein für dieses Areal bezeichnendes Nebeneinander.

In der einstigen, inzwischen zur Lounge gewordenen, zentralen Zufahrt, empfangen an der Rezeption Nonnen im Habit die Besucher und geben gern Auskunft – auch über die Geschichte des Hauses. Der weiträumige, von Rabatten und Grünanlagen geschmückte Hof, im Sommer eine Augenweide, wird von einem Brunnen bestimmt, auf dem die Heilige Agatha milde wacht. Der den Hof abschließende Querbau mit neugotischem Portikus ist das sogenannte Hauptgebäude und zusammen mit der angrenzenden Kapelle der älteste Teil der weiträumigen Krankenhausanlage. Die Gebäude und mit ihnen auch Skulpturen und die im Ersten Weltkrieg durch Villeroy & Boch gestifteten farbigen Ornamentfliesen der Fußböden stehen unter Denkmalschutz.

„Was ihr dem geringsten meiner Brüder getan habt, das habt ihr mir getan." – dieser Satz aus dem Neuen Testament steht im Glasfenster einer Tür des St. Hedwig-Krankenhauses. „In der Beschusszeit waren alle Fenster kaputt, bis auf zwei. Das in der Tür war eines davon", berichtete Schwester Gundhilde* – mit Beschusszeit meinte sie das Kriegsende. Die 1995 verstorbene Ordensschwester war 1939 aus Trier an das Haus gekommen und hat mehr als ein Drittel seiner über 150-jährigen Geschichte hautnah miterlebt. Von 1980 an führte sie bis zu ihrem Tode die Chronik des Hauses – und ist selbst eine Legende geworden.

* Interview mit Schwester Gundhilde – dieses fand im Spätherbst 1995 statt, kurz bevor sie an den Folgen eines Unfalles verstarb.

Als die damals acht Barmherzigen Schwestern des Heiligen Karl Borromäus und das medizinische Personal von chirurgischer und innerer Abteilung 1854 mit ihren Pfleglingen (60 Patienten, 100 alte Leute und 40 Waisenkinder) in den gerade nach Plänen des Kölner Dombaumeisters Vinzenz Statz errichteten Neubau einzogen, war die „Krankenanstalt" eigentlich ein Armenhospital und bestand schon acht Jahre – allerdings in der Kaiserstraße, die es heute so nicht mehr gibt, nahe dem Alexanderplatz.

Nach einjährigem Bedenken und durchlauchtigstem Wägen folgte der „Romantiker auf dem Thron", König Friedrich Wilhelm IV., im März 1844 der von der kleinen katholischen Gemeinde schriftlich geäußerten und von Berlins Armendezernenten, dem einflussreichen Fürsten Radziwill emsig protegierten Bitte, und erteilte die Genehmigung zur Einrichtung eines katholischen Krankenhauses. Es sollte die längst überforderte Charité entlasten. Das preußische Credo „jeder möge nach seiner Façon selig werden" hatte sich günstig mit klarem wirtschaftlichem Kalkül getroffen. Als Auflage des Preußischen Staates erging jedoch, dass das Krankenhaus, wie schon die Gemeinde, den Namen der Heiligen Hedwig zu führen habe, der Patronin Schlesiens, denn Berlin gehörte dazumal noch zum Erzbistum Breslau. Das St. Hedwig-Krankenhaus wurde damit zum ersten katholischen Krankenhaus in der (deutschsprachigen) Diaspora.

Am 14. September 1846 kamen dann auf dem Potsdamer Bahnhof vier Ordensschwestern in Begleitung ihrer Generaloberin aus dem Mutterhaus in Nancy an. Und Berlin stand Kopf. Die Schwestern unter Führung von Xaveria Rudler, der ersten Oberin des Krankenhauses, waren tagelang Stadtgespräch. Man kann da wohl getrost der Überlieferung Glauben schenken: 300 Jahre nach der Reformation hatten die Berliner vergessen, wie Nonnen aussehen. Und jetzt kamen gleich vier: in langen schwarzen Gewändern und mit weit ausladenden weißen Hauben auf dem Kopf. Außerdem holte Fürst Boguslaw Radziwill sie höchstselbst vom Bahnhof ab! Der 14. September 1846 gilt seitdem als Geburtstag des Krankenhauses. Begonnen hatte es jedoch bereits 1780 mit der Gründung des ersten katholischen Hospitals in der Gipsstraße 3 als Altenpflegeheim. Nach erfolgter Erlaubnis war bereits 1845 als Provisorium das Haus Kaiserstraße 29 vom „Verein für Pflege und Erziehung katholischer Waisenkinder" angemietet worden. Es wirkte vor allem ambulant. Dort wurde im September 1846 auch eine Apotheke eröffnet und im Dezember konnte der erste Patient aufgenommen werden – man verfügte über drei Betten, Ende 1847 waren es über 50.

Die Entscheidung, mit der Führung des Krankenhauses den 1652 im lothringischen Nancy gegründeten und dort ansässigen Borro-

Teilansicht des Hauptgebäudes des St. Hedwig-Krankenhauses

mäer-Orden zu beauftragen, war übrigens auch nicht frei von politischem Kalkül gewesen. Die Kongregation, aus einer Wohlfahrtsstiftung hervorgegangen, widmete sich der Armenfürsorge, erschloss sich jedoch bald die Krankenpflege als wichtigstes Tätigkeitsfeld. Mit der Eröffnung einer Dependance 1811 in Trier, das nach dem Wiener Kongress 1815 in der Rheinprovinz aufging, hatte der Orden einen Standort im protestantischen Preußen erhalten. Die Kongregation in Trier, inzwischen Provinzialhaus für alle deutschen Niederlassungen, wurde auf Betreiben Preußens durch päpstlichen Erlass 1872 von Nancy gelöst, für eigenständig erklärt und zum Generalmutterhaus erhoben.

„Der Borromäer-Orden ist der einzige rein karitative Orden, die kontemplativen Orden verwenden nur einen Teil ihrer Arbeit auf karitative Leistungen", erklärte Schwester Gundhilde im Plauderton aber durchaus bestimmt: „Wenn der Mensch seinen Frieden mit Gott hat, wird er schneller mit der Krankheit fertig." Das offenbarte sich von Anfang an.

Als in den Wirren der Revolution 1848 auch das angemietete Logis in der Kaiserstraße gestürmt wurde und die Schwestern befragt, mit wem sie es halten, erklärte die Oberin Xaveria Rudler: „Wir halten es mit den Armen und Kranken – wir pflegen Eure Brüder und Schwestern." Zorn wandelte sich in Jubel und das Haus erhielt eine revolutionäre Ehrenwache; viele Verwundete aus den Kämpfen wurden zur Behandlung dahin gebracht. Regierungen und Systeme kamen und gingen seitdem, an diesem Geist hat sich jedoch nichts geändert. Schwester Gundhilde: „Hier wurde immer die Atmosphäre der Barmherzigkeit, der Mitmenschlichkeit gepflegt.

Das gibt den Patienten das Gefühl, nicht Objekt der Medizin zu sein. Das Menschliche hochzuhalten, war stets unser Kampf."

Bis 1870 wuchs sich das Krankenhaus um das Hauptgebäude herum zu einer regelrechten Stadt mit Bäckerei, Fleischerei, Wäscherei und Wasserpumpwerk aus, in der vorübergehend sogar Vieh gehalten wurde. Im Jahre 1888 erfolgten der Anschluss an die städtische Wasserversorgung, die Installation von Gasbeleuchtung und die Einrichtung einer Telefonzentrale. Immer mit dem Fortschritt! Das ging so weiter, natürlich auch auf medizinischem Gebiet. Zum 50-jährigen Bestehen standen 500 Betten zur Verfügung, zehn Ärzte, 48 Ordens-, 16 weltliche Schwestern und 13 männliche Pfleger sorgten sich um die Patienten. Dazu kamen noch 60 weibliche Angestellte, zehn Handwerker und ein Seelsorger. Um 1900 besaß das Haus Abteilungen für Chirurgie, Urologie, Bauchchirurgie, Anästhesie und Intensivtherapie. Eine eigenständige Radiologische Abteilung folgte 1910, nur 15 Jahre nach Entdeckung der Röntgenstrahlen – das St. Hedwig-Krankenhaus war damit Vorreiter in der neuen medizinischen Disziplin. Im gleichen Jahr begann ein fest angestellter Pathologe seine Arbeit, und Labors für chemische und bakterielle Untersuchungen wurden eingerichtet.

„Das Gelübde der Beständigkeit und der Barmherzigkeit legte uns nicht nur Krankenpflege auf", berichtete Schwester Gundhilde, „sondern auch Kinderpflege in Waisenhäusern, Jugendpflege in Schulen und die Durchsetzung der Hygiene. Das war damals besonders wichtig. Dazu bedarf es der Einführung modernster Methoden, das ist bis heute so." Eine Krankenpflegeschule bestand bereits seit 1907. „Diese besteht ohne Unterbrechung bis heute" berichtete die Nonne nicht ohne Stolz, denn sie hatte wesentlichen Anteil daran: von 1949 an war sie bis 1963 Lehrausbilderin für Krankenschwestern, danach bis 1977 Schuldirektorin. Als die DDR die katholische Schwesternausbildung verbieten wollte, schaltete sich der Vatikan ein – und Schwester Gundhilde machte ein Staatsexamen: „Da musste ich halt noch mal ran. 100 Stunden Marxismus! Habe ich glatt gemacht. Die dachten doch, sie können uns auf die Tour stilllegen."

In den 1920er Jahren erlangte die Urologie, infolge hier gemachter Entdeckungen, weltweite Bedeutung; die größte Ausdehnung erreichte das Krankenhaus 1928 mit 750 Betten und 80 Ordensschwestern. Von 1931 bis 1939 gehörte auch eine Abteilung für Gynäkologie und Geburtshilfe zum Haus.

In der Novemberrevolution 1918 lagen hier, wie 1848 schon, Freund und Feind nebeneinander; im Kriege von 1870/71 und beiden Weltkriegen diente das St. Hedwig-Krankenhaus als Lazarett. Die schweren Jahre begannen 1933. Die Nazis forderten zunächst, das als Erholungsheim für Mitarbeiter und Rekonvaleszenten erworbene Schloss Falkenberg bei Grünau in ein Krankenhaus umzuwandeln; als „Hedwigshöhe" ist es seitdem der zweite Standort. Als wenig später vom NS-Regime alle konfessionellen Krankenhäuser aufgelöst wurden, blieb St. Hedwig allerdings verschont. Der Grund: Goebbels ließ sich hier wegen eines Nierensteinleidens behandeln. Am 16. April 1943 schrieb er in sein Tagebuch: „Ich kann im St. Hedwig-Krankenhaus wieder die außerordentliche Ordnung und großzügige Leitung eines solchen konfessionellen Krankenhauses feststellen. Ich freue mich direkt darüber, dass ich in Berlin verboten habe, diese konfessionellen Krankenhäuser aufzulösen. Sie sind uns sehr dienlich und man soll die Nonnen ruhig in der Krankenpflege belassen."

Schwester Gundhilde: „Als ich 1939 hier ankam, war ich achtzehn, habe als OP-Schwester gearbeitet, auch während der Bombenangriffe. In der Beschusszeit bin ich zwei Wochen nicht aus den Kleidern gekommen." Das Krankenhaus hatte während des Krieges vorrangig Bombenopfer und Fälle von aufkommenden Epidemien zu versorgen. Die Verfolgung jüdischer Menschen, die im jüdischen Altersheim in der Großen Hamburger Straße zur Deportation zusammengetrieben wurden, ging natürlich auch an den frommen Schwestern nicht vorbei. „Von den Leuten hier im Viertel wollte ja keiner was gewusst haben. Wir haben es gewusst," verriet Schwester Gundhilde nicht ohne einen Anflug von frommem Zorn und fügt etwas listig hinzu: „Es gab in der Zeit keine Brotanschnitte im Krankenhaus. Die haben wir gleich abgeschnitten, gesammelt und in Tüten gepackt. Jungens von der Straße warfen sie dann in unserem Auftrag drüben im Altersheim durchs Fenster." Die Fürsorgerin Marianne Hapig und Oberarzt Dr. Erhard Lux waren noch aktiver: sie versuchten, Menschen vor der Deportation zu retten. Dazu machten sie sich eine Fleckfieberepidemie zunutze. Schwester Gundhilde erklärte das: „Dr. Lux besorgte eine Vollmacht zur hygienischen Betreuung des Altersheimes. Sie machten dort Besuche, versorgten die Menschen mit Medikamenten und Lebensmitteln. Und soweit es ging attestierten sie ‚Transportunfähigkeit wegen Seuchengefahr' und ließen die Betreffenden bei uns einweisen. Wir haben sie dann unter den Patienten der Infektionsstation versteckt." Die weltliche Krankenschwester Mathilde Münzer war Jüdin und arbeitete auf dieser Station. Sie begleitete 1942 freiwillig einen Deportationstransport aus dem Sammellager Auguststraße (ehemaliges jüdisches Krankenhaus) nach Theresienstadt. Sie überlebte und arbeitete nach 1945 wieder in Berlin.

Als 1943 die Flächenbombardements der Alliierten auch Berlin trafen, gelobte Pfarrer von Unold von der Kanzel der Kapelle des

Die Heilige Agatha ziert den 1996 geweihten Brunnen im Hof des St. Hedwig-Krankenhauses

St. Hedwig-Krankenhauses: Wenn das Haus durch Fürbitte der Heiligen Agatha in diesem Krieg von größeren Schäden bewahrt bleibt, wolle das Haus ihr zum Dank eine Statue errichten. Der Vorstand beschloss damals, es solle ein Brunnen sein. Es ist jener im Hofe des Krankenhauses. Nach 1945 war jedoch zunächst anderes wichtig. Das Gelöbnis wurde 1996 eingelöst, der Erzbischof von Berlin, Georg Kardinal Sterzinsky, weihte den Brunnen mit der Heiligen Agatha, der Schutzpatronin gegen Feuer, Erdbeben, Unwetter und Vulkanausbrüche im Rahmen der 150-Jahr-Feier.

Das Haus wurde tatsächlich nur von einer Sprengbombe getroffen. Und auch die explodierte nicht. Schwester Gundhilde: „Wir hatten Sand auf den Dachboden geschüttet, wie es Vorschrift war. Und dann sind wir hinauf und haben das Ding auf die Straße getragen." Und auf die Frage, ob die Nonnen denn keine Angst gehabt hätten, antwortete sie knapp: „Wir haben gebetet." Seitdem findet an jedem letzten Samstag im Monat ein Agatha-Gottesdienst statt.

Die meisten der Patienten waren bereits 1943 nach Birkenwerder evakuiert worden. Der Kampf um Berlin tobte 1945 auch in der Großen Hamburger Straße, Hitlerjungen und Panzer – und das St. Hedwig-Krankenhaus war das einzige betriebsfähige in Berlin. Es gab weder Licht noch Wasser, operiert wurde mit Autoscheinwerfern, die Verwundeten lagen auf Holzpritschen in den Korridoren und Treppenhäusern. Noch einmal Schwester Gundhilde: „Wenn einer von den Jungens desertierte, haben wir ihn in Papierbinden eingewickelt, so was wie Klopapier, was anderes gab's ja nicht mehr, und unter den Verletzten versteckt. Die Patronengurte, Granaten und so habe ich in meiner Schürze hinter in den Garten getragen und dort vergraben." Das stelle man sich bildhaft vor: Eine Nonne nimmt einem Schulbub die Waffen ab, fasst die Schürze zur Mulde, wirft den Kriegsschrott hinein, greift sich einen Spaten und stiefelt durch Klinikkorridore und Versorgungsstraßen zum Garten, wo sie eine Grube aushebt ... Das ist so naiv wie couragiert, in seiner praktischen Menschlichkeit anrührend. Nach Kriegsende erhielt das Krankenhaus sofort Hilfe und Unterstützung von Militärärzten und Sanitätern der Roten Armee.

In der DDR war das Haus den üblichen Behinderungen ausgesetzt, wie andere kirchliche Einrichtungen auch. „Aber die Herren kamen ja selbst", meinte Gundhilde verschmitzt und nannte den Namen eines Ex-Ministers, der bis weit in die 1990er Jahre behandelt wurde. Es ließen sich jedoch auch hochrangige Dissidenten hier behandeln. Mit Hilfe aus dem Westen immer noch auf dem neuesten Stand der Wissenschaft und Medizintechnik gehalten, war das Haus auch Zuflucht für Regimegegner und Ausreiseantragsteller die, mit Berufsverbot belegt, hier ihren Unterhalt verdienen konnten. Viele Menschen in der DDR sahen im St. Hedwig-Krankenhaus die Alternative zur staatlichen Gesundheitsfabrik und kamen sogar aus den entlegensten Winkeln des Landes hierher, um sich stationär oder in der Poliklinik ambulant behandeln zu lassen, nahmen dafür beschwerliche Reisen und lange Wartezeiten in überfüllten Wartezimmern und Fluren geduldig in Kauf. Die Maueröffnung brachte allerdings neuerlich eine schwere Zeit für das Haus: ein großer Teil des Fachpersonals ging, auf besseren Verdienst hoffend, in den Westen und das Krankenhaus kam an den Rand der Arbeitsfähigkeit. Die Situation stabilisierte sich jedoch bald.

Entsprechend der Gesundheits-Strukturreform wurde das St. Hedwig-Krankenhaus 1995 in eine GmbH umgewandelt und ist seitdem Teil der „St. Hedwig-Kliniken". Mit Jahresbeginn 1998 übernahm die „Gesellschaft der Alexianerbrüder" die Kliniken und gliederte sie in ihr über ganz Deutschland verteiltes Klinikennetz ein. Da die bereits im 14. Jahrhundert entstandene und in Neuss am Rhein beheimatete „Kongregation der Brüder des heiligen Alexius" sich vorrangig der Altenpflege und der Psychiatrie und Psychotherapie widmet, steht das Haus jetzt in einem erneuten Strukturwechsel, sein Auftrag als Krankenhaus der Grund- und Regelversorgung bleibt allerdings bestehen. Einzelne Abteilungen wurden jedoch schwerpunktlich in das Haus „Hedwigshöhe" verlagert. Dafür entwickelte sich ein Bereich zum „Ärztehaus"; ein Zentrum für Traditionelle Chinesische und Integrative Medizin zog da ein und weiteres soll folgen. Auch ein Dialysezentrum hat hier seine Heimstatt gefunden. Im Dezember 2002 richtete das Haus, von der Caritas unterstützt und in Zusammenarbeit mit dem Tempelhofer St. Josef-Krankenhaus, auch eine Babyklappe ein, die im Januar 2003 erstmals in Anspruch genommen wurde.

Wenn das St. Hedwig-Krankenhaus jetzt auch den Alexianern untersteht, die Borromäerinnen sind immer noch da. Und als zum Jahreswechsel 1998/99 der Senat das Haus schließen wollte, zogen die frommen Schwestern schweigend und mit Kerzen in der Hand zum Roten Rathaus und warteten, bis der Regierende Bürgermeister Diepgen sie endlich empfing. In einer weiteren Aktion zogen die Nonnen, mit Trillerpfeifen ihren Unmut kundtuend, zum Amtssitz der Gesundheitssenatorin, drangen in den Sitzungssaal und standen würdig stumm, aber die Regierungsbehäbigkeit störend in der Konferenz. Berlin hielt den Atem an, die Ordensschwestern waren tagelang Stadtgespräch, wie damals, als die ersten in Berlin ankamen. Das Haus war gerettet.

Wege zur Kunst – oder: vom Sammeln und Genießen

Veit Stiller

Bei einem Spaziergang durch die Spandauer Vorstadt gewinnt man leicht den Eindruck, in einer „Bananenrepublik" zu sein. Immer wieder sieht man die Südfrucht meist neben Türen oder Schaufenstern leuchten. Urheber dieser Graffitis ist der Kölner Aktionskünstler Thomas Baumgärtel. Seit 1986 markiert er so Orte, an denen zeitgenössische Kunst gepflegt wird. Anfangs tat „Der Bananensprayer" das nur in seiner Heimatstadt, dehnte das Netzwerk aber bald über Deutschland aus und hat inzwischen in ganz Europa und in New York Galerien, Museen und Kunstvereine mit der Banane in den Kunst-Adelsstand erhoben.

Allerdings ist eine Banane neben der Tür nur bedingt ein Hinweis auf Kunst: Galerien, die nach der Auszeichnung den Standort wechselten, konnten die Banane nicht mitnehmen und jene, die erst nach der Preisverleihung eingezogen sind oder sich der Kunst vergangener Zeiten widmen, entbehren der Südfrucht. Alle etwa 80 Kunstorte in der Spandauer Vorstadt vorzustellen, würde erstens den Rahmen dieses Buches sprengen und ist zweitens unmöglich: das Viertel ist lebendig und also in ständiger Bewegung. Wo einst Bäcker oder Fleischer ihre Produkte feilboten, wird heute mit Kunst gehandelt – und wo kürzlich noch Galeristen ihre Klientel und Neugierige empfingen, sind jetzt Souvenirs oder Designermode zu bewundern. Es werden einige Galerien exemplarisch vorgestellt; einziges Kriterium der Auswahl war, ein Bild der Szene zu zeigen, das den Tatsachen gerecht wird. Zur besseren Übersicht wurde eine thematische Einteilung vorgenommen, die kaum der Konsequenz eines Rundganges entspricht. – Wohlan, das Abenteuer Kunst ruft.

Angefangen hat es „damals im Osten" mit Friedrich Loock. Er ist seit fünfzehn Jahren Galerist und der Ahnherr aller Kunstorte in der Spandauer Vorstadt – und das mit Mitte dreißig. Seine Galerie (Tucholskystr. 35) heißt **Wohnmaschine**.

Loock wuchs hier im Viertel auf, lernte Tischler und wollte an der Kunsthochschule in Weißensee Bühnenbild studieren. Die Prüfungen hatte er bestanden, verweigerte aber den „Ehrendienst" in der NVA. So wurde nichts aus dem Studium und er arbeitete im erlernten Beruf in den Werkstätten des Maxim-Gorki-Theaters. „Mein Interesse galt schon immer der Bildenden Kunst; sonntags war ich oft auf der Museumsinsel. Ende der 80er Jahre hatte ich in der Tucholsky-/Ecke Auguststraße eine Wohnung besetzt und legalisieren lassen. An Galerie war da noch nicht zu denken", erzählt Loock, „Das war eine Frühstücksidee."

Die begann mit „man müsste mal ...", wie viele Ideen damals in der DDR. Da er allein in dem Haus wohnte, träumte er eines Morgens laut vor sich hin: man müsste hier mal eine Ausstellung machen. Und Wolfram Ehrhardt, der das hörte, erwiderte: mach mal, ich bestreite die erste. Die ging dann, Loock fühlte sich in die Pflicht genommen, im November 1988 in dessen Wohnung über die Bühne. Robert Lippok, den Friedrich Loock vom Theater kannte, musizierte dazu mit seiner Gruppe „Ornament und Verbrechen" – und meldete sich für die nächste Ausstellung an. Loock: „Da tummelten sich 400 Leute in meinen 45 qm! Mit Lippok machte ich tatsächlich die zweite Ausstellung und weil aller guten Dinge drei sind, suchte ich Möglichkeiten. Ich hatte den Mut gefunden, erst mal ein Jahr lang weiter zu machen." Diese Kunstausstellungen zwischen Kochmaschine (dem typischen Berliner Küchenherd) und Wohnzimmer schrammten stets hart am Gesetz vorbei und liefen Gefahr, als „staatsfeindliche Zusammenrottung" eingestuft zu werden. Als es einmal beinahe böse geworden wäre, konnte Loock sich auf Geburtstagsfeier herausreden und kam mit dem sprichwörtlichen blauen Auge davon. „Der Name ist von einem Konzept Le Corbusiers hergeleitet. Ab Sommer '89 kam keiner mehr in die Galerie, alle waren abgehauen, über Ungarn oder Polen in den Westen. Ich überlegte das auch, entschied mich aber für Durchhalten, und nach dem Mauerfall war alles anders. Ausstellungen mussten nicht mehr heimlich im Kämmerlein sein. Man konnte, ja musste in die Öffentlichkeit gehen."

Rückschauend gesteht Loock, dass er sicher aufgegeben hätte, wenn nicht im Frühjahr 1990 ein TV-Team in seiner Küche ein Feature über ihn und die Galerie gedreht hätte. Das gab Auftrieb und er machte weiter. „Bis 1992 habe ich kaum was verkauft. Die Künstler meinten, man müsse in den Kunstmarkt kommen, aber ich konnte mir nicht vorstellen, dass einer das kauft, was wir repräsentierten. Ich bewarb mich dennoch bei den Kunstmessen in Frankfurt/Main und Köln, wurde eingeladen und erlebte den Durchbruch", erinnert er sich und fügt immer noch verblüfft hinzu: „Ich hatte alles verkauft! Salopp gesagt: mit Leihwagen hin und mit eigenem Auto zurück. Es war unglaublich! Ich hatte doch von Kunst keine Ahnung, hab nur meine Kumpels ausgestellt. Was es bedeutete, eine Galerie zu betreiben, musste ich alles später lernen."

Nach Expansionsversuchen, zog Friedrich Loock mit der Galerie in die Räume einer aufgelösten Landfleischerei, in denen er heute noch residiert. Mit langfristigen Projekten versuchte er, neue Wege zu gehen. Von 1995–97 hieß das Motto BILD-MALEREI und stellte in einer Zeit, als „Malerei" bei jungen Künstlern ein Unwort war, aktuelle Berliner und internationale Positionen zur Malerei vor. Das Projekt wurde auch im Düsseldorfer Kunstverein gezeigt und nach seinem Abschluss, dank Sponsoren, von der Berlinischen Galerie erworben. „Ich hab viel versucht; nicht alles war wirtschaftlich erfolgreich, aber immer entstanden Kontakte zu Künstlern und Sammlern, die heute noch bestehen", meint Loock, der Künstler aus Berlin, Paris und New York, aus Japan, der Schweiz und Frankreich vertritt.

Friedrich Loock – seine Galerie Wohnmaschine machte den Anfang

Etwa zur gleichen Zeit gingen einige Künstler daran, eine seit Jahren stillgelegte Margarinefabrik zu besetzen. Sie befand sich hinter einem barocken Bürgerhaus in der Auguststraße, reichte bis zur Linienstraße und war zum Abriss freigegeben. Die Säle boten ideale Atelierbedingungen, hatten aber keinerlei Ausstattung. Nach dem Mauerfall dauerte es nicht lange, bis Maler, Skulpteure und Objektebauer aus anderen Ländern sich dazu gesellten. Allmählich konnte auch an notdürftigen Ausbau gedacht werden. Nahezu gleichzeitig begannen Kunstenthusiasten um Klaus Biesenbach, Alexandra Binswanger, Philipp von Doering und Alfonso Rutigliano ein paar Häuser weiter in einer ehemaligen Likörfabrik Ausstellungen zu organisieren, um ein Zentrum für Moderne Kunst im gerade wiedervereinten Berlin zu schaffen. 1991 zogen sie in die marode Margarinefabrik und im Herbst fand dort die erste Ausstellung der **Kunst-Werke Berlin** (Auguststr. 69) statt.

Von der Heizung bis zu Sanitäranlagen war alles notdürftig und provisorisch, aber in der sich gerade zur Kunstmeile mausernden Auguststraße waren die Kunst-Werke quasi über Nacht zum Magneten geworden. Die Mischung von Ausstellung und Ateliers wurde zum grundsätzlichen Konzept und hatte durch die Improvisation einen eigenen Charme. So ging es, bis Mitte der 90er Jahre die Kunst-Werke ihre Pforten schlossen und nach Sanierung unter denkmalpflegerischen Aspekten 1999 wieder öffneten. Während der Bauphase verschafften die Macher mit Kuratieren und Organisieren von Kunstveranstaltungen ihrem Ruf als Kunstvermittler alle Ehre.

Die Kunst-Werke präsentieren ihre Ausstellungen auf 2.500 qm

Spiegel-Kubus im Hof Auguststraße 69; der Hof wird auch für Ausstellungen der Kunst-Werke Berlin genutzt

Fläche und nutzen auch den Hof. Für den schuf der Amerikaner Dan Graham den Gläsernen Spiegel-Kubus, Kunstwerk und Gebäude in einem, des Café Bravo, der das Bild des Hofes bestimmt und zugleich die Openair-Installationen reflektiert. Neben Ausstellungen international renommierter Künstler, wie Jane & Louise Wilson, Doug Aitken, Santiago Sierra oder Paul Pfeiffer stellen die Kunst-Werke auch in Berlin lebende Künstler vor und natürlich jene, die dort ihre Ateliers haben. Außerdem können Berliner Kuratoren hier ihre Konzepte realisieren. Die spektakulärste Aktion war jedoch eine Ausstellung, die in den Kunst-Werken zu Gast war: Die Verbrechen der Wehrmacht. Die Besucherschlangen reichten zeitweise über den Innenhof, durch das Vorderhaus und weit die Auguststraße hinunter. Von einem Kuratorium, der Gesellschaft für zeitgenössische Kunst, unter künstlerischer Direktion Klaus Biesenbachs und organisatorisch von Judith Otto geleitet, sehen sich die Kunst-Werke als gemeinnützige Institution ohne eigene Sammlung.

Die Eröffnungs-Ausstellung der Kunst-Werke bestritt ein Newcomer aus Leipzig. Auf ähnliche Weise wie Loock in Berlin, hatte Gerd Harry (Judy) Lybke auf einem Fabrikgelände in einem Leipziger Vorort seine Galerie **EIGEN + ART** gegründet und nach der Wende in die Öffentlichkeit geführt.

„Ich war total verblüfft, dass so viel Presse zur Ausstellung kam und in allen Zeitungen etwas zu lesen war. In Leipzig hatte ich lange gemacht und getan und es gab nicht eine Pressereaktion", erinnert sich Lybke an seinen Start in Berlin. Angesichts des Erfolges überlegte er, ob er in Berlin bleiben solle, und entschied sich für eine temporäre Galerie als Dependance der Leipziger. „Die erste Frage war: wohin? Charlottenburg oder Kreuzberg, oder vielleicht in den Prenzlauer Berg, der damals in Mode war? Ich entschied mich für Mitte und war damit der erste Neuzugang." Lybke zog in die leer stehenden Ladenräume (Auguststr. 26), in denen seine Galerie heute noch ihr Domizil hat. „Ach", ergänzt er, „eines muss man unbedingt sagen: Ohne Jutta Weitz gäbe es keine Kunst-Werke und auch sonst wäre hier nichts gelaufen. Sie ist an allem Schuld. Sie hat das alles gemanagt." Nach einem Jahr entschied Lybke, aus der temporären Galerie eine ständige zu machen, zog selbst hierher und das Leipziger Stammhaus wurde zur wirtschaftlich eigenständigen Zweigstelle.

Bald übernahm Lybke das ganze Haus und fragte sich, wie er expandieren sollte: Ausstellungsfläche vergrößern oder Arbeitsräume für Künstler schaffen: „Sinnigerweise wollten die Künstler mehr Raum für Ausstellungen. Heute sind sie froh, dass ich mich damals mit den Ateliers durchgesetzt habe." Dass er keine Ambitionen verspürt, wie andere das Quartier zu wechseln, erklärt er so: „Wenn ich neu nach Berlin käme, würde ich gucken: wo ist die Museumsinsel, wo das Kulturforum, wo der Hamburger Bahnhof, wo sind die Kunst-Werke. Und dann würde ich genau in die Mitte gehen. Und da bin ich schon." Auch gefällt ihm, dass die hektische Zeit der Galerien-Meile vorbei ist: „Der Kietz ist wunderbar urban, das finde ich gut. Bloß kein Kunst-Ghetto!" Bis 1997 unterhielt Lybke in London, New York und Tokio temporäre Galerien, danach nicht mehr. Denn „junge Kunst" geht nur in Berlin – das ist seine Überzeugung, die sich auf die Offenheit der Stadt gründet, die ständig in Bewegung ist und in der sich immer etwas entwickelt, aber auch auf die Tatsache, dass hier, im Gegensatz zu München, London oder Paris, die Mieten für junge Künstler erschwinglich sind. Das Profil seiner Galerie hat Lybke nie festgelegt: „Ich bin immer den Künstlern nachgegangen, ob Carsten Nicolai Musik macht, Annelies Strba Videotapes oder Yana Milev Räume erkundet. Ich habe ihnen nie Vorgaben gemacht. Neo Rauch sowieso nicht."

Der Einzug von „EIGEN + ART" in die Auguststraße hatte Signalwirkung. Andere zogen nach und rund um die Auguststraße entstand ein Galerien- und Kunst-Quartier.

In der DDR gab es eine einzige private Galerie, die traditionsreiche Kunstausstellung Kühl in Dresden. Vor dem 13. August 1961 stellte das kein Problem dar: den Künstlern im Osten Deutschlands stand der Weg zu den Galerien im Westen und Süden offen, die Mauer verbaute ihn. Künstler- und Kunstvereine verfügten nur über begrenzte Möglichkeiten und so wurde unter dem Dach des Kulturministeriums 1963 ein staatliches Kunsthandelsunternehmen ins Leben gerufen. Es hatte seinen Sitz in der Karl-Marx-Allee, wurde nach etwa vier Jahren der Zuständigkeit des Ministeriums entzogen und von der HO (Handelsorganisation; Dachverband des staatlichen Einzelhandels) weitergeführt. Aber irgendwie passte die Kunst nicht zwischen Radieschen, Büstenhalter und Kühlschränke – per Neugründung entstand 1976 der „Staatliche Kunsthandel der DDR". Der residierte standesgemäß Unter den Linden und präsentierte die Künstler im Lande (es entstanden etwa 40 Galerien in Bezirksstädten, Urlaubsgebieten und Kulturzentren) und auf internationalem Parkett. Viele Mitarbeiter waren aber alles andere als brave Parteisoldaten, sondern versuchten unermüdlich den Spagat zwischen Interessen der Künstler, üblichen händlerischen Kriterien und Vorgaben (die all zu oft Beschränkungen waren) des Staates. Das Ende der DDR war der Schwanengesang dieses Kunsthandelsmonopols – ein Privatisierungsversuch hatte nur kurzes Leben. Folgerichtig gründeten die von Künstlern und Galeristenkollegen anerkannten Mitarbeiter eigene Galerien. Sie fanden schnell Beachtung und sind durch ihre Kompetenz längst von Sammlern, Museen und Händlern als Partner anerkannt. Einige haben ihren Standort in der Spandauer Vorstadt.

Die älteste von ihnen ist die **Galerie Berlin** (Oranienburger Str. 27) von Rüdiger Küttner und Rainer Ebert. Deren Internetseite verrät, dass sie die Präsentation figurativer und non-figurativer expressiver Malerei auf ihre Fahnen geschrieben hat und 1989 gegründet wurde.

Ebert winkt ab: „Eintrag ins Handelsregister im Februar 1990."

Küttner: „Eigentlich müsste in dieser Reihe auch noch die Galerie LUX von Manfred Schmidt und Hannelore Maßannek genannt werden."

Stiller: „Ja, aber die ist nach Friedrichshagen umgezogen."

Ebert: „Und Inga Kondeyne!"

Galerie Berlin

Stiller: „Auch die Sophien-Edition von Sabine Kahra und Hella Utzt, mit ihren Grafik- und Skulpturen-Editionen. Aber Auswahl ist kein Werturteil."

Küttner: „Die erste Ausstellung eröffneten wir im November 1990."

Ebert: „Und nahmen gleich erstmals in eigener Regie an der Art Cologne teil. Unsere erste Ausstellung „Fragen auf Antworten" war dreiteilig mit Katalog und 40 Künstlern."

Küttner: „Das war der Versuch, unser Programm zu definieren und die Künstler vorzustellen."

Ebert: „Und Reaktion auf die Baselitz-Äußerung, dass es im Osten keine Kunst gegeben hätte."

Stiller: „Eine Antwort auf Vorurteile?"

Küttner: „Auch auf unsere eigenen Ost-Vorurteile. Mit dabei waren Libuda, Ebersbach, Morgner, Händler, Zylla, Metzkes, Tessmer und Bernhard Heisig."

Stiller: „Das war Friedrichstraße/Ecke Leipziger?"

Küttner: „Genau. 1994 zogen wir nach Kreuzberg."

Ebert: „Und im September 1999 haben wir im Kunsthof eröffnet."

Küttner: „Die anfängliche Ost-Orientierung resultierte teils aus unserer Biografie; anderseits entstand der Eindruck durch Vorlieben für Leute und künstlerische Handschriften."

Ebert: „Expressiv realistische Malerei ist eine Säule der Galerie, die andere ist Berlin-Spezifik."

Stiller: „Der Galerie-Name ist Programm?"

Küttner: „Nein, das würde zu weit führen."

Ebert: „Nah am Werk bleiben kann man nur, wenn man ständig mit den Künstlern in Kontakt steht. Nach Spanien ist das eben schwierig. Malerei ist immer ortsgebunden. Insofern ist das mit der Berliner Schule schon richtig, aber eben nur ein Teil."

Küttner: „Und: wir sind die wichtigste Galerie-Adresse für Bernhard Heisig."

Die Kunden der Galerie kommen aus ganz Deutschland, zunehmend auch aus dem Osten (die wenigsten aus Berlin), Europa und den USA.

Mit einem Paukenschlag startete 1991 die **„Galerie LEO.COPPI"** (Rosenthaler Str. 40/41). Die erste Ausstellung in einem Alt-Neubau am Spittelmarkt bestritt der Bildhauer Werner Stötzer – und die Laudatio hielt der Dramatiker Heiner Müller. Diese Folge eines Geplänkels der beiden Akademiemitglieder war für die Galerie von Doris Leo und Helle Coppi der beste Auftakt. Doris Leo: „Die Idee, eine eigene Galerie zu eröffnen, kam uns Ende 1990, im März '91 hatten wir die Räume gefunden und dann ging es los. Bei Galeristen im ehemaligen Westberlin, zu denen wir gute Kontakte hatten,

Die Galerie LEO.COPPI in einem lauschigen Winkel der Hackeschen Höfe

holten wir uns Rat." Von Anfang an war bei LEO.COPPI eine Vorliebe für Dresdener Künstler zu bemerken, von den „Klassikern" Ernst Hassebrauck, Hans Theo Richter und dem damals noch lebenden Theodor Rosenhauer, über Max Uhlig und den künstlerisch in Dresden verwurzelten Reinhard Stangl bis zu Herta Günther und Angela Hampel. Aber natürlich haben in der Galerie auch viele Berliner ihr Podium. „Die Entdeckung der DDR-Kunst im Westen half anfangs, aber darauf wollten wir uns nie ausruhen. Einige Künstler sind gegangen, andere sind gekommen, jüngere vor allem, wie das so ist, aber auch der jüngst verstorbene Hans Laabs, wir haben seinen 85. Geburtstag mit einer großen Ausstellung gefeiert."

Die Ausstellung zum Fünfjährigen bestritt auch Stötzer, diesmal mit seinem Freund, dem Maler Hans Vent – und wieder war es eine Eröffnung: die der neuen Räume in den Hackeschen Höfen. In der Ausstellung zum Zehnjährigen war Stötzer einer von vier Bildhauern neben elf Malern: die Schau war eine Hommage der Galerie an ihre Künstler. LEO.COPPIs Kunden kommen aus ganz Europa und den USA, auf den Kunstmessen in Köln und Frankfurt/Main sind sie Stammgäste.

Diese Galerien nach klassischem Zuschnitt unterscheiden sich kaum von anderen. Das liegt in der Sache selbst. Der „White Cube", der nüchterne weiße Raum, am besten mit leicht gedämpftem Oberlicht, ist optimal für die Präsentation von Kunst, weil er immer neutral ist und die Werke aus sich selbst wirken lässt. Dazu gehört auch eine großzügige Anordnung an den Wänden oder im Raum: jedes Werk soll seine Aura entfalten ohne die anderen damit zu erdrücken. Oft ergeben sich Blickachsen, die Vergleiche ermöglichen, Werke miteinander korrespondieren lassen und so nicht selten neue Betrachtungskreise eröffnen. Mitunter finden sich in den jetzt nüchtern weißen Räumen die Reste alter Innenarchitektur oder Bemalung, die bei der Modernisierung als Zitat erhalten wurden. Eine dieser Galerien ist die von **Markus Deschler** (Auguststr. 61), der auch im Vorstand des Landesverbandes Berliner Galerien aktiv ist.

Was Galerien eigentlich voneinander unterscheidet, sind die gezeigten Arbeiten. Und da Galeristen mit den Kunstwerken leben (sie sind ja den ganzen Tag von ihnen umgeben), wird keiner zeigen, was seinem Stilgefühl oder Geschmack widerspricht. Das Verhältnis zwischen Künstlern und Galeristen ist von beiden Seiten oft als eine Art von Liebe beschrieben worden. Die äußert sich unterschiedlich. Was anscheinend bescheiden in Ecken verschwindet, ist oft wichtiger als Wandfüllendes – und wo eine Sitzgelegenheit ist, sollte man sich getrost niederlassen und in das Werk gegenüber vertiefen: es ist oft der Platz, den der Galerist für sich selbst eingerichtet hat. Darin und in der Verantwortung für ihre Künstler sind sich alle Galerien einig, wie auch immer ihre Entstehungsgeschichte sein mag.

Jahrelang vermittelte **Peter Dittmar** Kunstgeschichte in Westberlin – und wusste immer: „Wenn du fünfzig bist, gehst du weg von Theorie und Schreibtisch und eröffnest eine Galerie. Nicht als Hobby, sondern mit aller Konsequenz, als Beruf." Das hat er 1989 wahr gemacht. Er ging nach Hamburg (die Mauer stand noch) und eröffnete im Rotherbaum-Viertel eine Galerie. Aber 1994 zog es ihn fort, die noble Unendlichkeit dort konnte es noch nicht gewesen sein. „Inzwischen hatte sich in Berlin viel getan. Ich wollte zurück und suchte einen geeigneten Standort. Bald war mir klar, es kommt nur Mitte in Frage. Und 1998 war es dann soweit, dass ich die Galerie in der Auguststraße 22 eröffnen konnte. Ich wohne auch ganz in der Nähe. Da wo ich früher gewohnt hatte, in Charlottenburg, kriegt man ja von den Veränderungen in der Stadt nichts mit."

Kein Wunder also, dass Peter Dittmar in seiner Galerie nicht die „teuren Toten" zeigt, sondern lebende Künstler. „Die Kontakte zu den Künstlern sind mir sehr wichtig. Und noch eines: Qualität. Man muss gerade in der zeitgenössischen Kunst die Qualität bewahren, weg von der marktgängigen Beliebigkeit. Deswegen zeige ich die ‚Klassiker' der international führenden Kunst." Namen, die dafür stehen: Pierre Arlechinsky, Hernandez Pijuan, Arnulf Rainer, Sean Scully, Per Kirkeby, aber auch die Fotografen Barbara Klemm und Horst Schäfer. In der zur Galerie gehörenden Edition gibt Dittmar teuren Kunstbänden gleichende Kataloge heraus. Seine Kunden kommen vor allem aus Holland, der Schweiz, den USA und aus Fernost. Von Fall zu Fall arbeitet Dittmar auch mit Museen zusammen.

Die **Galerie Kicken Berlin Photographie – Works on Paper** (Linienstr. 155), international führend auf dem Gebiet der Fotografie, kam aus Köln. Rudolf Kicken: „Köln ist im Prinzip ein überregionaler Regionalmarkt. Berlin ist eine Metropole. Meine Frau und ich haben in Charlottenburg und Mitte gesucht. Aber Charlottenburg ist schon so vollendet, Mitte ist noch in Bewegung. Als wir dieses Fabrikgebäude sahen, wussten wir: das ist es." Das Nebeneinander von Kunst-Galerien aller Art, Avantgarde-Mode und Restaurants erinnert ihn an das Soho der 70er Jahre.

Ursprünglich wollte Kicken an der Essener Folkwangschule beim legendären Otto Steinert Fotografie studieren. Da vom Elternhaus keine Unterstützung zu erwarten war, hätte er sich selbst finanzieren müssen, und Steinert riet: Du kannst nicht nachts im Stahlwerk arbeiten und am Tage fotografieren. Also wurde Kicken Volkswirt. Während des Studiums kaufte er in einer Wiener Galerie sein erstes Foto. In New York lernte er Andre Kertesz kennen und durch ihn die Light Gallery. Er beschloss, die dort gezeigten Fotografen in Europa zu vertreten – und eröffnete wenig später mit einem Partner in einer Aachener Buchhandlung die Galerie „Lichttropfen". „Das erste Foto verkaufte ich für 164 Mark an das Stedlik-Museum", erinnert sich Kicken, „ab 1976 hatten wir eigene Räume und 1979 zog ich dann nach Köln. In den zwanzig Jahren dort habe ich zwei Bilder an Kölner Museen verkauft. Gelebt habe ich vom US-Markt und von renommierten Sammlern."

Bald wurde „Kicken" die Adresse für Photographie schlechthin. Wohlgemerkt: Photographie, nicht Fotos. Wer Originale von Cartier-Bresson, Moholy-Nagy, Renger-Patzsch, Rodschenko, Man Ray und anderen sehen oder kaufen will, wendet sich an Kicken. Daneben vertrat die Galerie aber auch Zeitgenossen (Bernd und Hilla Becher) oder Modephotographen: Richard Avedon, Horst P. Horst, Irving Penn. Lange Freundschaft verband Kicken mit dem in Berlin als Helmut Neustaedter geborenen und vor kurzem tödlich verunglückten Helmut Newton, den die Galerie seit 1987 weltweit exklusiv vertritt. Kicken kam 1999 nach Berlin, aber das blieb weitgehend unbeachtet: mit Volker Diehl hatte er die Berliner Kunstmesse ART FORUM aus der Taufe gehoben. Die Galerie wurde im September 2000 eröffnet. „Ich hatte immer eine Liebe zu Berlin. Und ab 1990

Das Galeristen-Paar Kicken; ihre Galerie in der Linienstraße 155 ist ***die*** *Adresse für Photographie*

war abzusehen, dass Berlin die kommende Stadt in Deutschland ist. Bereut habe ich den Umzug nie: in Köln hatte ich 150 Besucher im Jahr, hier tausende. Einer meiner Sammler, ein Designer aus Nürnberg, ist nie nach Köln gekommen, in Berlin war er schon ein paar Mal. Es vergeht kein Wochenende, wo nicht ein Sammler aus dem Rheinland hier ist. Ringsum sind witzige kreative Menschen. Das einzige was fehlt, sind Bäume – aber Stadtplaner sagen, hier hätten nie welche gestanden." Und sammelt Kicken auch selbst? „Fotos? Nein! Es reicht uns, wenn wir mit diesen Dingen einige Zeit leben dürfen. Und wenn ein großes Museum so ein Foto kauft, ist das eine Ehre für uns."

Georg und Georg **Garanin** sind Vater und Sohn, Mediziner und Kunstliebhaber aus Düsseldorf. Nicht ganz. Georg sen.: „Ich habe 30 Jahre in Ostberlin gelebt, hier studiert und bin 1972 raus. Vom Ansatz her bin ich Sammler; mit einer Vorliebe für Konstruktivismus." Während der 30 Jahre in Düsseldorf lernte er viele Künstler persönlich kennen, und als aus der Sammlung heraus die Idee entstand, eine Galerie zu eröffnen, gab es keine lange Überlegung zum Standort. Garanin: „Unser Ziel war, Konstruktivisten vorzustellen und damit die Galerien-Szene in Mitte um eine Facette zu bereichern. Es gab in Berlin zwar Galerien, die neben anderen auch Konstruktivisten zeigten, aber hier in Mitte war das Genre gar nicht vertreten." Und so eröffneten die Garanins im Sommer 2000 in der Gipsstraße ihre Galerie. Georg jun. leitet sie und Georg sen. agiert im Hintergrund als Spiritus Rektor. Nach einem Jahr zogen sie in die Tucholskystraße 47 um, wo sie heute noch zu finden sind. Im Jahre 2002 beteiligten sie sich erstmals an der Messe Kunst Köln. Sie zeigen neben Altmeistern des Genres, wie dem Ende 2002 verstorbenen Martin Siepmann, auch junge Konstruktivisten. Vorwiegend kommen diese aus Deutschland, aber auch der Spanier Julian Gill oder die Österreicherin Andrea Pesendorf sind feste Positionen im Programm.

Eine weitere wichtige Farbe in der Palette der klassischen Galerien ist die einst von Bernd Heise in Neustrelitz gegründete und jetzt von dem Schotten Ian Meiklejohn geführte **galerie und edition refugium** (Auguststr. 19) mit ihrer Vorliebe für Dresdener Klassiker wie Querner, Wiegand und Lachnit und dem Aushängeschild Glöckner. Die Galerie hat zudem in mehrfacher Hinsicht eine Zwischenposition: Einerseits vertritt sie große Namen aus der zweiten Hälfte des 20. Jahrhunderts und ist sogar mit Nachlassverwaltung befasst, anderseits bietet sie jungen Künstlern ein Podium, neuerdings besonders aus England und Kuba.

Die meisten Galerien hier haben sich der „Jungen Kunst" verschrieben: Junge Galeristen machen die Künstler ihrer Generation publik, ganz gleich, welchem Medium sie sich zuwenden. Video-Kunst, Raum- oder Lichtinstallation, Objekte-Bau und Skulptur, Fotografie und Malerei, oder Projekte, die Kunst als Mittel nutzen, um Untersuchungen von Räumen, Kommunikationsformen oder Kunst am Bau zu dokumentieren – oder auch Thesen zu Stil und Inhalt mit Werken zu untermauern. Das sind spannende Sujets. Zum anderen, und das erscheint noch wichtiger: die heute die Jungen und manchmal auch Wilden sind, werden morgen die Klassiker und übermorgen die Altmeister sein. Wohin es mit der Kunst geht, erfährt man am ehesten in diesen Galerien. Als Mitte der 90er Jahre die Galerienszene in Mitte boomte, man vom „Auguststraßenkietz" sprach, alle Galerien ihre Ausstellungen am gleichen Tag eröffneten und zu diesen Kunst-Volksfesten auch Damen und Herren der Berliner Politik erschienen, waren alle Galerien für Junge Kunst hier angesiedelt. Inzwischen sind einige („Arndt & Partner", „Carlier - Gebauer" u.a.) zu neuen Ufern aufgebrochen. Rudolf Kicken kommentiert den Vorgang: „Eine Metropole wie Berlin verträgt zwei oder drei Kunststandorte, wie andere Metropolen auch. Das ist gut für die Kunst."

Ein paar Häuserblocks von August- und Linienstraße entfernt hat die **Galerie Barbara Thumm** im einstigen Fabrikhof der Dircksenstraße 41 vis-a-vis der S-Bahn-Bögen ihre Heimstatt. „Ich war die erste hier. Zur Eröffnung 1999 mussten die Besucher über Holzbohlen stiefeln, weil ringsum noch Baustelle war", erzählt die junge Frau. Dass ihr Metier die Kunst ist, wusste Barbara Thumm schon immer und studierte Bildende Kunst, zunächst an der Hochschule der Künste in Charlottenburg, als Westberlin noch Insel im roten Meer war. Sie wechselte nach London, machte dort den Magister of Art, erfuhr via Fernsehen vom Mauerfall und hatte im Kopf die Idee, Ausstellungen zu organisieren – nicht als Kuratorin im öffentlichen Kunstbetrieb, sondern im privaten Bereich. Ohne konkretere Vorstellungen kam sie zurück nach Berlin und arbeitete in Kooperation mit der Galerie Gebauer. „Das war 1995, die Anfangszeit der Auguststraße. Meine Galerie eröffnete ich dort 1997", sagt sie knapp.

Was sie verschweigt: Dank der Kenntnis aktueller britischer Kunst und ihrer Exponenten brachte sie mit diesen eine neue Farbe in die Kunst-Landschaft. Kaum auf eigenen Füßen, nahm Barbara Thumm mit Fiona Banner, Martin Dammann, TWIN Gabriel, Alex Katz, Bridget Smith, Julian Opie und anderen schon am ART FORUM teil. Inzwischen ist sie auf allen wichtigen Kunstmessen zu Hause, hat Sammler an allen Ecken der Welt als Kunden. „Von der Auguststraße wollte ich bald weg. Dort war alles so dicht geworden, so Schulter an Schulter, Trittbrettfahrer ohne interessantes Programm siedelten sich an. Und die Räume wurden allmählich zu klein. Da bekam ich den Tipp, dass in diesem Fabrikhof noch Räume zu haben wären. Ich hab nicht lange gezögert."

Der Weg von Andrea Breitengraser zum **room for contemporary sculptures** (Sophienstr. 34) war ähnlich. „Ich bin hier in der Gegend aufgewachsen, mit Blick auf den Monbijou-Park. In den 80er Jahren bin ich nach Westberlin rüber und habe an der TU Kunstgeschichte studiert, später in Chicago. Dort habe ich nebenbei im Art Institute gearbeitet, war in der Skulpturenabteilung für Porzellan verantwortlich. Diese Arbeit war für mich entscheidend. Galeristin werden, stand nicht zur Disposition, ich wollte im Museum mit Skulpturen arbeiten. Aber in Amerika ist das alles lebendiger als in Deutschland, nicht so behäbig, auf öffentliche Mittel vertrauend." Erst wollte sie in Amerika bleiben, dem Reiz folgend, sich um alles selbst kümmern zu müssen und weiter dazu lernen zu können. Aber sie kam doch zurück nach Deutschland, versuchte sich in Leipzig als Kunst-Journalistin, wurde nach New York geschickt, um für das Fernsehen zu arbeiten. Dort wechselte sie zu einer großen Kunst-Agentur, war fasziniert von New York – und litt darunter, nur theoretisch mit Kunst zu tun zu haben. Also kam sie nach Berlin: „Da passierte damals so viel. Diese Stadt ist einzigartig. Wenn man für eine Idee kämpft, hier schafft man es." Aber erst mal musste sie sich wieder mit Theoretischem plagen, bis sie 1999 die Idee hatte, eine eigene Galerie zu eröffnen. Anfang 2000 war es dann soweit. „Aus dem Traum, im Museum Skulpturen zu kuratieren, ist die Galerie geworden. Die Galerie ist ja nicht nur Handelsort, sondern auch Ausstellung. Neben den strengen Regeln des Marktes hat sie einen Bildungsauftrag. Da muss keiner Eintritt zahlen, die Kunst ist für Sammler wie Laien gleichermaßen zugänglich."

Ständig direkte Kontakte zu Künstlern wie Besuchern aufbauen und pflegen, das fasziniert sie an ihrer Arbeit: „Man darf nie reinreden, muss aber mit Künstlern mitgehen und auf das Publikum zu. Man wird als Galerie nicht mit der ersten Ausstellung wahrgenommen, die Besucher erkennen von Ausstellung zu Ausstellung allmählich Programm oder Profil der Galerie." Freunde rieten ihr von

room for contemporary sculpture

einer Skulpturen-Galerie ab, weil damit kein Geld zu machen sei; sie ließ sich nicht beirren: „Bilder sind bequem, man kann sie passiv betrachten; Skulpturen sind aktiv, zu drei räumlichen Dimensionen kommt eine vierte: die Berührung. Das Schwierige, das ist die Herausforderung." Inzwischen war sie schon erfolgreich auf der Kunstmesse in Frankfurt/Main und wurde wieder eingeladen. Und ganz nebenbei ist Andrea Breitengraser, die vorwiegend junge Künstler („So in meinem Alter, 68 muss ein guter Jahrgang gewesen sein.") präsentiert, auch Jury-Mitglied in mehreren Gremien in Berlin und Nordrhein-Westfalen.

In Ladenräumen eines Neubaus in der Joachimstraße 3/4, hat **Jette Rudolph** ihre Galerie. Sie vertritt aktuelle koloristische Positionen, vor allem junger Künstler aus Deutschland und den USA. „Was die Vorliebe fürs Koloristische betrifft, bin ich durch die Familie vorbelastet. Großvater war Grafikdesigner und leidenschaftlicher Freizeitmaler und die Eltern schleppten meinen Bruder und mich als Kinder ständig durch Ausstellungen: byzantinische Ausgrabungen, Velazquez, Picasso, Vermeer, Turner und andere." So studierte Jette Rudolph Kunstgeschichte, zuerst in Leuven im Schatten der Berühmtheiten (Rubens, Van Eyck), dann in Frankfurt/Main. Dort lernte sie ihren Freund kennen und der führte sie 1995 erstmals in die Ausstellung eines lebenden Künstlers (Nicolas de Stael) in die Schirn Kunsthalle. Durch ihn lernte sie Kunststudenten aus Frankfurt und Umgebung kennen, hielt Festreden zu deren Ausstellungen, schrieb Katalogtexte und machte die Pressearbeit. Nach dem Studium begann sie folgerichtig in einer Frankfurter Galerie zu arbeiten, und beschloss, einen eigenen Projektraum zu eröffnen.

Nach Berlin kam sie eigentlich, um zu promovieren und danach als Kuratorin einer öffentlichen Sammlung zu arbeiten. Neben dem Studium eröffnete sie im Frühjahr 1999 eine Galerie in einer Fabrikhalle in der Sophienstraße. Das sollte ein Projektraum sein, wie Jette Rudolph ihn schon in Frankfurt betrieben hatte und den sie mit Jobs gegenfinanzierte. Der wuchs sich jedoch zur Galerie aus, die seit März 2000 auch als solche firmiert: „Im Vergleich zu meinen Kollegen war der Anfang sehr ‚existentiell', aber immer im direkten Austausch mit den Künstlern. Viele junge Galerien hatten durch den Boom Mitte der 90er Jahre schon die Höhe von Etablierten erreicht. Ich war der Newcomer, die ‚2. Generation' sozusagen."

Zu dieser zählt sie auch Andrea Breitengraser und Boris Abel, zu denen sie gute Kontakte pflegt. „Das große Gehype und Flunkern und gegenseitig Beeindrucken der großen Galeristen herrscht zwischen uns Jungen gar nicht. Wir sind in Berlin, weil hier das Niveau internationaler junger Kunst sehr hoch ist. Und weil aus dem Umfeld von Theatern, Clubs und Live-Konzerten viel Anregung erwächst und gegenseitig befruchtende Gespräche mit Künstlern und Vermittlern entstehen." Sie vertritt Künstler um die 30 (Marcy Freedman, Philip Argent, Josephine Meckseper, Marcus Sendlinger, Caro Suerkemper, Tine Benz, u.a.) und agiert international.

Zu den inzwischen arrivierten Jungen Galerien gehört die von Tim Neuger und Burkard Riemschneider. Die **galerie neugerriemschneider** (Linienstr. 155) entstand in den Boomjahren, startete aber 1994 in der Charlottenburger Goethestraße – obwohl Friedrich Loock und andere sie heftig umwarben, in die Auguststraße zu kommen. Tim Neuger: „Der Anfang war von uns ungeheuer naiv und der Rummel um die Auguststraße hatte uns abgestoßen." Nach drei Jahren erfolgreicher Arbeit kamen sie doch nach Mitte und haben seit September '98 ihre Galerie in den Räumen einer ehemaligen Pumpenfabrik. Neuger: „Die Gegend hier ist lebendig geworden. In Charlottenburg kam das Publikum zielgerichtet, hier kommen viele Gelegenheitsbesucher. Wen Kunst interessiert, der kommt zu uns. Alles andere ist Romantizismus." Auch Neuger und Riemschneider, die schon lange befreundet waren und über Kunst und Positionen stritten, kamen über Kunstgeschichte, Kuratieren und Verlagsarbeit und lange Aufenthalte in den USA zur eigenen Galerie, die weltweit eine Adresse für Franz Ackermann, Michael Majerus, Tobias Rehberger, Pea White und andere ist.

Wichtig ist auch die 1992 in Charlottenburg gegründete **Galerie Contemporary Fine Arts** von Bruno Brunnet und Nicole Hackert. Sie kamen 1996 in die Sophienstraße 21 und brachten unter anderem Chris Ofili (inzwischen mit dem noblen Turner-Preis ausgezeichnet) nach Berlin, als die Londoner Kunstwelt ihn noch als Skandalmaler ansah. Aber es gilt, noch einen weiteren Zirkel auszuschreiten: Galerien mit besonderer Spezialisierung. Einige sind schon vorgestellt; andere, wie die Fotogalerie von Hendrik Berinson oder die relativ junge „imago fotokunst" von Manuela Schäwe und Matthias Richter, können nur Erwähnung finden: Fotogalerien sind in der Spandauer Vorstadt extrem stark vertreten. Das liegt an dem nun auch in Deutschland gewachsenen Interesse am Kunstobjekt Fotografie und der Umgebung – das Quartier kann sich inzwischen mit dem bekannten River-North-District von Chicago oder Ähnlichem messen. Als Galerien mit spezieller Ausrichtung sollen einige genannt sein, die der Szenerie leuchtende Farben hinzufügen.

Christine Splinter präsentiert internationale Glaskunst

Glaskunst aus vier Jahrhunderten steht auf der Fahne der **Galerie Splinter** (Sophienstr. 21/22). Kunst aus Glas? In Deutschland ist sie aus unerfindlichen Gründen immer noch mit dem Etikett „Anhänger fürs Bowlenglas" versehen und wird entsprechend belächelt. In Skandinavien, Italien, der Tschechischen Republik und vor allem den USA ist das ganz anders. Da ist Glas als Material für Skulpturen und Objekte längst anerkannt. Künstler nutzen die Möglichkeiten des geschmolzenen Sandes zu faszinierenden Werken, auch in der Kombination mit Holz, Granit oder Stahl – und die Sammlergemeinde wächst. In Deutschland hat Christine Splinter da noch eine Pionierrolle. Historische Gläser, etwa aus Murano, sind meist Gefäße und auch heute noch schaffen viele Glaskünstler Gefäße oder daran orientierte Objekte, aber freie und abstrakte Formen haben längst das Glas erobert.

Wie ist Christine Splinter aufs Glas gekommen? Die Kunsthistorikerin und Museumspädagogin arbeitete nach dem Studium für Auktionshäuser. „Bei Leo Spick war ich drei Jahre. Da hatte ich den ersten Kontakt zu Glas. Zuerst war ich enttäuscht, mit allem Elan des gerade absolvierten Studiums hatte ich anderes im Sinn als ‚Glaszeug'. Aber die Ablehnung wandelte sich schnell in Liebe, und ich habe das Glas regelrecht entdeckt", berichtet sie. Als Mitarbeiterin einer Galerie für zeitgenössische Kunst eignete sie sich kunsthändlerisches Handwerk an und arbeitete daran, die eigene Galerie aufzubauen. Sie wollte in das Auguststraßen-Quartier, und 1997 fand sie mit Hilfe von Erika Hoffmann die Räume im Souterrain der Sophie-Gips-Höfe, in denen ihre Galerie die Gläser funkeln lässt. Sie stellt internationale Glaskunst vor, agiert weltweit und ist Mitglied der in Seattle ansässigen Glas Art Society.

Die Wege zur Kunst und von da zur eigenen Galerie, so individuell sie sein mögen, ähneln sich. Das ist nicht verwunderlich. **Marianne Grob** (Linienstr. 115) ist Keramikerin. Während des Studiums in ihrer Heimatstadt Luzern hörte sie als Gast Kunstgeschichte und schloss Freundschaft mit vielen Künstlern. Nach dem Studium richtete sie 1983 ein Atelier ein, aber die Liebe zur Kunst war stärker: das Atelier wurde langsam zum Treffpunkt und 1985 zur Galerie. „Galeristin kann man nicht lernen, das Handwerk schon; Galeristin zu sein hat man im Blut oder nicht. Es sind ja auch psychologische Dinge, die da mitspielen, wie bei Künstlern auch. In Luzern habe ich vor allem Art Brut gezeigt."

Nach Berlin kam Marianne Grob 1993 und siedelte sich im (Westberliner) Künstler-Bezirk Kreuzberg an. „Aber die Leute kamen nicht mehr dahin. Ich habe lange einen anderen Standort gesucht, war ab 1997 in einer Passage der Friedrichstraße, dann im Kleihues-Bau in der Zimmerstraße. Das waren Übergangslösungen, ich suchte in Charlottenburg und Mitte geeignete Räume. Anfang 2000 bezog ich dann diese."

Im quirligen Berlin verlor sich ihre Beziehung zur Art Brut, die im situierten Luzern eine Funktion hatte. In Berlin gehen die Uhren anders. Marianne Grob zeigte zeitgenössische Kunst und entwickelte dabei jene Vorliebe für Arbeiten auf oder aus Papier, die jetzt das Profil der Galerie bestimmt: „Einmal im Jahr zeige ich ‚Schwarz-Weiß'. Ich trage über das Jahr auf Schwarz und Weiß konzentrierte Arbeiten von etwa fünfzehn Künstlern, renommierte und wenig bekannte, zusammen." Regelmäßig erscheinende kleine aber feine „Hefte zur Malerei", die Marianne Grob als Visitenkarte der Galerie ansieht, stellen ihre Künstler vor. Von der Galerie in Luzern trennte sie sich 2000, die Eidgenossin ist Berlinerin geworden: „Ich möchte hier nicht mehr weg. Die Stadt pulsiert, in Luzern ist alles so behütet." Auf Messen war sie in Frankfurt, Köln, Zürich und Berlin vertreten. „Kurzlebiges und Modisches interessiert mich nicht. Ich möchte langfristige und freundschaftliche Kontakten zu Künstlern; nur so entsteht und wächst zwischen Künstler und Galerist eine Beziehung mit Vertrauen und Zuneigung, mit gegenseitigem Verstehen und auch mit Streit. Das ist das schönste Privileg des Galeristen."

Man soll sich hüten, etwas als „einmalig" oder „einzigartig" zu bezeichnen. Kaum hat man sich dazu verstiegen, fällt einem selbst Vergleichbares ein – oder ein Anderer sagt zurecht: Moment mal! Von der **Cartoonfabrik** (Auguststr. 83) kann man dies jedoch getrost sagen, denn es gibt weltweit nicht viele Galerien, die sich der Präsentation von Karikaturen verschrieben haben: Die Originale der aus Zeitungen und Journalen bekannten Bilder, Hand-made-Satire vom Feinsten.

Wolfgang Kleinert, Cartoonfabrik

Was über Kanzler, Kandidaten und Konsorten lästerlich aufs Korn genommen wurde und was an menschlichen allzu menschlichen Eigen-, Un- und Abarten mit spitzer Feder hervorgehoben ist, kann besichtigt und erworben werden.

„Am Freitag dem 13. (!) Dezember 1991 gründeten wir die Cartoonfabrik Köpenick in Berlin Mitte als gemeinnützigen Verein", sagt Wolfgang Kleinert in seiner trocken verschmitzten Art. Er ist Geschäftsführer von Verein, Galerie und dazugehöriger (Postkarten-) Edition. Und „wir" meint neun Karikaturisten und zwei Journalisten, die dem bissigen Fingerzeig ein Podium geben und Cartoons durch Ausstellungen und Publikationen befördern wollten. Hervorgegangen war das Unternehmen aus den „Karigrafie-Ausstellungen", die zu DDR-Zeiten in Abständen zum Zorn ablachen anregten. Kleinert: „Die Ventilfunktion war nicht mehr gegeben. Wir beschlossen, uns einen Standort zu suchen, wo Karikatur live stattgefunden hatte: das Rathaus Köpenick. Vorbild war nicht nur der Hauptmann von Köpenick, sondern auch der Erlangener Comic-Salon, bei dem regelmäßig das Rathaus besetzt wird." Die erste Ausstellung gab es 1992 – und da es nicht einfach ist, in einem deutschen Rathaus karikativ zu sein, zog man wieder zum Fernsehturm und präsentierte da von 1995–99 jährlich eine große, anfangs deutschland- und bald europaweit ausgeschriebene Cartoon-Schau. Ein Versuch, in der Köpenicker Altstadt Fuß zu fassen blieb wenig beachtet und so suchten die Cartoonfabrikanten Räume in Mitte – und bezogen diese am 10. Dezember 1999, drei Tage vor dem achten Geburtstag. Seitdem sind da die Bissigkeiten von Hurzlmeier und Bofinger, Barbara Henninger, Harderer und Jankowski, Ohl, Rauschenbach, F. K. Waechter und anderen zu besichtigen. Kleinert: „Daneben haben wir thematische Ausstellungen gezeigt, ‚zur Lage der Nation', beispielsweise, oder ‚schreckliche Bilder' und ‚schweinische Bilder' (mit dem Eulenspiegelverlag), und zum Kirchentag ‚unseren täglich Witz gib uns heute'. Die Zeit ist nicht witzig, aber spottträchtig."

Die **Prüss & Ochs Gallery** (Sophienstr. 18) verdankt ihre Existenz einem Ärgernis. Alexander Ochs hatte seit Anfang der 1990er Jahre verlegerisch gearbeitet (unter anderem mit John Cage), kuratiert und interdisziplinäre Projekte produziert, unter anderem in St. Petersburg, Hamburg und Peking; 1992 initiierte er den Kunstzug. Bei all den Aktivitäten hatte er Gelegenheit, asiatische Künstler kennen zu lernen, und sich profund mit der asiatischen Kunstszene vertraut zu machen. Als 1996 eine Ausstellung in Bonn einen kleinen Teil Künstler wie Exoten präsentierte und zum Nonplusultra asiatischer Kunst erhob, ärgerte sich Ochs dermaßen über diese Engstirnigkeit, dass er beschloss, eine Galerie zu gründen. In der wollte er das

Spektrum asiatischer Künstler, die teilweise längst in Barcelona, Montreal, Paris lebten, als gleichberechtigt zur euro-amerikanischen Szene und in steter Wechselwirkung mit dieser und der eigenen Tradition zeigen. Während der Vorbereitungen traf er Jaana Prüss, die an der HdK ihr in München begonnenes Kunststudium fortsetzte. Sie fand Gefallen an der Idee, brach das Studium ab und Anfang 1997 eröffneten beide die Galerie Asian Fine Arts, die heute Prüss & Ochs Gallery heißt.

„Der unterschiedliche, bei mir aus der Kunst, bei Alexander vom Buchhändlerischen resultierende Ansatz von uns beiden, ergänzt sich in der Galerie", sagt Jaana Prüss, „aber das Wichtigste ist, dass wir Kunst aus Korea, Vietnam, Japan, Hong Kong, der Volksrepublik China oder Indien als Gegenpol zur Europa-zentrierten sehen und mit dem Vorurteil aufräumen wollen, Kunst aus Asien sei exotisch." Von Anfang an in den Räumen im Dunstkreis der Sophiensäle, haben sie nicht nur zahlreiche Ausstellungen von Bildender Kunst gezeigt, sondern auch medienübergreifende Projekte realisiert – von Garten-Kunst (im angrenzenden zweiten Hof) über die Kultur des Essens bis zu musikalischen und literarischen Veranstaltungen. „Ausgesprochen spannend ist es, wie das alles immer in den Kontext der Geschichte dieses Hauses gerät, das früher Fabrik war – in einem unserer Räume ist noch alte Holzpflasterung erhalten." Prüss & Ochs erwarben sich weltweite Achtung und eröffneten im September 2002 mit Partnern aus Frankfurt/Main und Peking, in Schanghai eine Dependance, die vor allem den umgekehrten Weg ebnen soll: „westliche" Künstler, wie Immendorf, Gertsch oder Tracey Moffatt nach China zu bringen. Jaana Prüss: „Man muss Künstler als Künstler ansehen, und nicht durch die territoriale Brille, als Herkunftsquote."

In der Oranienburger Straße 31 neben der Neuen Synagoge und wie diese nur nach Slalom durch die Sicherungsgitter zu erreichen, ist die Jüdische Galerie zu finden. „Uns gefallen die Absperrungen nicht. Wir wollen das auch nicht. Die Leute können die Galerie nicht richtig wahrnehmen. Und wenn sie das Schild entdecken, trauen sie sich nicht herein", sagt Marina Danilova jeder Frage zuvorkommend. Die Leiterin der **Jüdischen Galerie Berlin** wuchs in Russland auf und hat im estnischen Tallinn Design studiert.

Auf die Frage, seit wann es die Galerie gibt, berichtet sie: „Die Galerie wurde 1993 von der Zentralen Wohlfahrtsstelle der Juden in Deutschland und der Jüdischen Gemeinde zu Berlin gegründet. Es wären auch andere Standorte denkbar gewesen, aber es sollte an eine Tradition angeknüpft werden. Von 1933 an gab es in diesem Hause ein Jüdisches Museum." Der Judaica-Sammler Salli Kirschstein hatte 1928 angeregt, die Kunstsammlung der Berliner Jüdi-

schen Gemeinde zum Museum auszubauen. Am 28. November 1929 gründete sich der Jüdische Museumsverein, der 1932 in „Jüdisches Museum – Sammlung der Jüdischen Gemeinde zu Berlin" umbenannt wurde und wenig später in das von Gemeindebaumeister Alexander Beer umgebaute Haus zog. Die feierliche Eröffnung, zu der Max Liebermann dem jungen Museum ein gerade entstandenes Selbstporträt schenkte, war am 24. Januar 1933. Sechs Tage später wurde Hitler Reichskanzler. Die November-Pogrome von 1938 zwangen das Museum zur Beendigung seiner Tätigkeit. Das in der DDR staatlich verwaltete Haus wurde 1991 an die Jüdische Gemeinde zurückgegeben.

„Aufgabe der Zentralen Wohlfahrtsstelle ist es, jüdischen Neueinwanderern, vor allem aus dem Gebiet der ehemaligen Sowjetunion, bei allen Problemen der Integration zu helfen. Das betrifft natürlich auch die Galerie. Aber wir helfen nicht nur jüdischen, sondern Künstlern aus aller Welt, in Berlin Fuß zu fassen. Wir wollen kein Kunstghetto sein." Frau Danilova erklärt, wie das in der Praxis aussieht: „In erster Linie ist das die Möglichkeit, hier auszustellen und in Berlin ein Forum zu haben. Wir unterstützen die Künstler bei Öffentlichkeitsarbeit, Werbung, Publikationen und sind bei der Suche nach Atelierräumen behilflich."

Stellen sie auch Ateliers zur Verfügung, vergeben Sie Stipendien?

„Würden wir gern. Aber das übersteigt unsere Möglichkeiten."

Was waren die wichtigsten Ereignisse in der Geschichte der Galerie?

„Die Ausstellungen der ‚Klassiker' Chagall und Kaplan. Zum 100. Geburtstag Anatoli Kaplans hatten wir im Frühjahr 2002 eine große Ausstellung. Aus diesem Anlass haben wir auch ein Projekt mit Absolventen der Moskauer Kunstakademie realisiert, die inzwischen in verschiedensten Ländern leben. Das Projekt sollte zeigen, wie sie sich entwickelt haben. Etwas ähnliches fand mit St. Petersburger Studenten statt."

Arbeiten Sie mit anderen Galerien oder Museen, zum Beispiel in Israel, zusammen?

„Wenig. Aber viele Künstler aus Israel kommen auf die Galerie zu, um sich von hier aus in Deutschland vorzustellen; aber nicht nur Künstler aus Israel, aus Polen und den USA kommen Bewerbungen ... Kathrin Jacobi zum Beispiel, ihre Eltern waren vor den Nazis in die USA emigriert, hat angefragt."

Nennen Sie bitte einige Künstler, die hier ausgestellt haben.

„Der in Berlin inzwischen bekannte Pavel Feinstein hat hier angefangen. Wir haben Michael Schnittmann gezeigt und Juri Zurkan, Zurab Kutchishvili, den Cartoonisten Valeri Kurtu und viele andere. Wie gesagt: vorwiegend zeitgenössische Künstler und Arbeiten aller Genres, auch Video, Installation oder Objekte."

Das sind Streiflichter, aber sie geben ein Bild der Szenerie. Das wäre allerdings unvollständig, würde man das Kaleidoskop der Betrachtung nicht noch eine Runde weiter drehen. Galerien dominieren zwar das Viertel, sind aber längst nicht die einzigen „Kunstorte" hier.

Die **Galerie Bischoff**, seit 1995 in einem kleinen Ladengeschäft der Linienstraße 121 ansässig, ist Filiale eines privaten Netzwerkes. Gegründet hat Walter Bischoff seine Galerie 1983 in Chicago, wo er auch sechs Jahre blieb. Die Berliner Filiale eröffnete er 1995, seit 2000 ist sie am jetzigen Standort, 1997 folgte mit der Villa Haiss nahe Biberach ein von Bischoff betriebenes Museum für zeitgenössische Kunst, das aus Privatsammlungen bestückt ist, und 1999 eröffnete er eine Galerie in Stuttgart. Seit der Chicagoer Zeit vergibt er Stipendien für die USA, einmal im Jahr für sechs Monate in San Jose; von Moskau bis Kalifornien initiierte und kuratierte er Ausstellungen: sein Plan ist der Kunstaustausch zwischen Europa, den USA und Russland.

Um die Orte des Handels mit Kunst ist in der Spandauer Vorstadt ein Geflecht gewachsen. Die Heinrich-Böll-Stiftung fördert Initiativen im Bereich der Kultur, das britische Kulturinstitut British Council ebenso und das „ifa", das „Institut für Auslandsbeziehungen", der kulturelle Arm des Außenministeriums, hat Büros und Galerie hierher verlegt. Das seit 1845 bestehende Kunst- und Auktionshaus Lempertz aus Köln ist mit einer Zweigstelle dahin zurückgekehrt, wo es einst gegründet wurde. Die Kunststiftung Poll von Lothar C. Poll stellt Ausstellungsräume und Ateliers zur Verfügung.

Nicht mehr wegzudenken ist das **„Aedes East"** (Rosenthaler Str. 40/41), eine Zweigstelle des seit 1980 bestehenden Architektur-Forums „Aedes" am Charlottenburger Savignyplatz, die seit 2000 als „Aedes East Internationales Forum für Zeitgenössische Architektur" den Status der Gemeinnützigkeit hat. Anliegen der Aedes-Gründerin Kristin Feireis und ihres Mitstreiters Hans-Jürgen Commerell ist es, Architekten ein Podium zur Darstellung ihrer Projekte

Aedes East, Rosenthaler Straße 41/42

vor Fachwelt, studierendem Nachwuchs und interessierten Laien zu bieten. Damit soll die Auseinandersetzung mit Architektur und ihren Möglichkeiten, dem Wechselspiel von kreativer Vielfalt und den vom Zeitgeist geprägten Ansprüchen der Auftraggeber gefördert werden. Weltweite Resonanz bestätigt die Idee, so ein Forum zu schaffen, und die Art, wie Architektur vom Entwurf zum fertigen Bau per Ausstellung vermittelt wird. Nicht zufällig gehören zu den Aedes-Förderern auch Günter Behnisch und Daniel Libeskind.

Eine besondere Kostbarkeit im Kunst-Quartier Spandauer Vorstadt ist die **Sammlung Hoffmann**, ein bewohntes Privat-Museum in den Sophie-Gips-Höfen (Sophienstr. 21/22).

Die Sammlung des Ehepaars Erika und Rolf Hoffmann kann seit 1997 samstags besichtigt werden. Die Idee, ihre Sammlung öffentlich zu machen, kam den Hoffmanns nach dem Mauerfall – und war vom russischen Textilfabrikanten Marosow übernommen, der zur Zarenzeit Matisse sammelte und sonntags sein Haus zur Besichtigung der Bilder öffnete. In Berlin stellten die Hoffmanns fest, dass es hier um 1900 ähnliche Ansätze gab.

„Angefangen hat es in den späten 60er Jahren", berichtet Erika Hoffmann, die seit dem Tode ihres Mannes die Sammlung allein weiterführt, „damals distanzierte man sich strikt von ‚bourgeoiser Besitzgier' und als ich 1968 mein erstes Multiple kaufte, gab es heftige Diskussionen mit meinem Mann. Von wegen bourgeoises Denken käme durch die Hintertür." Eine bezeichnende Marginalie. Rolf Hoffmanns Vater war Museumsdirektor in Mönchengladbach und durch ihn bekamen die beiden intensiven Zugang zur Kunst.

Von der Beschäftigung mit Kunst zum Wunsch, dieses oder jenes ständig um sich zu haben ist es nur ein kleiner Schritt. „Wir haben ohne Strategie und meist zufällig erworben, was uns gefiel und beschäftigte – und was für uns erreichbar war." Als sie in Mönchengladbach ein Textilunternehmen aufbauten, wuchsen auch die Möglichkeiten zum Erwerb von Kunstwerken. „Mit der Ausdehnung des Unternehmens und der Eröffnung von Filialen im Ausland erweiterte sich unser Gesichtskreis. Angefangen haben wir mit der Gruppe ZERO und der Arte Povera, allmählich lernten wir immer mehr Künstler persönlich kennen, Freundschaften entstanden. So wuchs Stück für Stück eine Sammlung. Aber wir haben das nie so gesehen, uns auch nie Sammler genannt."

Nach der Wende im Osten wollten die Hoffmanns einen Beitrag zur Wiedervereinigung leisten und jene zeitgenössische Kunst vorstellen, die dort bis dahin verboten oder verpönt war. Sie entschieden sich für Dresden und wendeten sich 1990 an Werner Schmidt, den späteren Generaldirektor der Dresdener Staatlichen Kunstsammlungen. Dabei nannten sie sich erstmals „Sammler". Gedacht war an ein Museum, dass aus etwa 40 internationalen Privatsammlungen bestückt werden sollte. Da diesem Projekt aber, trotz Schmidts Unterstützung immer wieder Hindernisse in den Weg gelegt wurden, zogen sich die Hoffmanns zurück. „Wir sagten uns: dann machen wir eben, was wir allein können. Und sahen uns in Berlin um. Durch Zufall entdeckten wir eine Inserat der Treuhand, das dieses Grundstück anbot. Im ausgeschriebenen Wettbewerb erhielten wir den Zuschlag – nicht zuletzt wohl, weil wir die Absicht hatten, nicht nur zu investieren, sondern auch selbst hier zu wohnen."

Nach dem Verkauf des Unternehmens in den 1980er Jahren widmeten die Hoffmanns sich intensiv ihrer Sammelleidenschaft, und nachdem der Ort gefunden war, alles zugänglich zu machen, gingen sie zügig ans Werk. Das erworbene Grundstück reichte von den Wohnhäusern an der Sophienstraße über eine alte Fabrikanlage bis zur Gipsstraße, wo damals eine Baulücke prangte, die jetzt ein Neubau füllt. Das heutige Ensemble der Sophie-Gips-Höfe und das Flair, das von ihm ausgeht, ist realisierte Vision der Hoffmanns. Aber bis es soweit war, hatten sie auch in Berlin etliche Hindernisse auszuräumen: „Da war besonders das Misstrauen in der Bezirksverwaltung Mitte. Die hatten ihre Vorstellungen und plötzlich standen ihnen richtige Kapitalisten leibhaftig gegenüber. Aber wir haben uns aneinander angenähert, das war nicht immer leicht, aber dann erhielten wir jede Unterstützung."

Anliegen der Hoffmanns war es, ihr Leben mit Kunst für andere erlebbar zu machen, und daran hat sich nichts geändert. Bei Füh-

In den Sophie-Gips-Höfen findet man die Sammlung Hoffmann

rungen in kleinen Gruppen wird die Begegnung mit Kunst und Künstlern vermittelt, Nachdenken über Kunst angeregt – und oft auch das Nachdenken der Hoffmanns, als Rückkopplung auf die Reaktionen der Besucher: „Ich frage mich immer noch oft, was hat uns zu diesem Schritt ermutig, der sich erst viel später als richtig erwies?" Zur Sammlung gehören Werke von Frank Stella und Gerhard Richter, Roni Horn und Jean-Michel Basquiat, Josef Beuys ... „Wir wollten überrascht werden und suchten ständig nach Neuem. Wenn wir das Gefühl hatten, ein Künstler stagniert, hörten wir auf, seine Arbeiten zu kaufen. Teile der Sammlung waren als Leihgaben in verschiedenen Museen zu sehen, aber ihre Bestimmung hat die Sammlung nur an diesem Ort, einziger Focus war ja unser Geschmack." Und die Sammlung wächst immer noch weiter. Nach dem Tode ihres Mannes wollte Erika Hoffmann zunächst die Sammlung abschließen, entschied sich aber, sie nach ihren Gesichtspunkten weiter zu führen. Jedes Jahr im Sommer wird umgeräumt, erhalten die Räume einen anderen Charakter. Es ist also durchaus möglich, dass beim zweiten Besuch sich eine ganz andere Ausstellung offenbart oder sich neue Korrespondenzen zwischen den einzelnen Werken ergeben.

Von Shakespeare bis Sushi – Theater, Kneipen, Clubs etc.

Veit Stiller

Beim Spaziergang offenbart sich die Vielfalt der Spandauer Vorstadt. Von Barock über Industrie-Architektur bis zu neuen Beton-Bauten stehen Zeugen der Baukunst traut nebeneinander. Parks, zu solchen gewordene Friedhöfe, Sportplätze und Denkmale sind dazwischen. Grünanlagen und Spielplätze auf vom Kriege gerissenen Lücken zeigen gegenwärtige Gartenkunst. Seltene Gewerke siedelten sich an, Kunsthandwerker verlegten ihre Ateliers hierher. Allerdings stößt man immer wieder auf Spuren der Barbarei: Alte Inschriften, Hinweise auf „LSR" (Luftschutzraum); Tafeln mit Namen und Lebensdaten an Hauswänden und bronzene Pflastersteine mit Namen bezeugen vernichtetes Leben und zerstörte Kultur, mahnen, die Nazi-Diktatur nie zu vergessen. Die Verbindung von Alltag und Kunst ist eine Form, die Mahnung zu leben – und zu erleben.

Regt sich nach ausgiebigem Exkurs das Bedürfnis nach leiblichen Genüssen, so ist das nur folgerichtig und die Auswahl an Koch-Kunstwerken ist riesig. Man kann sich aber auch mit einer Banane begnügen. Oder mit einem Riegel. Der Laden Krausnickstraße Ecke Große Hamburger ist ein Original: Die Einrichtung stammt aus der Zeit als es solche Tante-Emma-Läden zuhauf gab – der Händler, dem Akzent nach garantiert nicht in Berlin geboren, pflegt sie. Zwei Stufen hinauf, die sich lohnen. Aber vielleicht soll es ja eine Streuselschnecke sein, oder ein Schweineohr? Die **Bäckerei W. Balzer** (Sophienstr. 30) ist Familienbetrieb und lebende Legende.

Ein altes Foto: Vor einer Ladentür stehen neben dem mit Auslagen üppig gefüllten Schaufenster einer „Bäckerei & Konditorei" vier Personen fürs Foto aufgereiht. Alle tragen lange weiße Kittelschürzen und drei auch Kopfbedeckungen. „Das ist meine Mutter", sagt Waltraud Balzer und zeigt auf die barhäuptige Person, „ganz links ist der Konditor-Meister, rechts der Bäcker." Das Foto hängt im Verkaufsraum der Bäckerei, mancher Eilige wird es gar nicht bemerken, gleich neben der Tür. Das ist aber nicht die auf dem Foto.

Aus Westpreußen war 1924 das Ehepaar Gertrud und Ernst Balzer gekommen, hatte Räume erworben und eine Bäckerei eingerichtet, zwischen Eckkneipe und Sargladen. „Die Eröffnung war am 6. September 1926 in der Großen Hamburger Straße 37, hier sind wir erst seit 1984", sagt Waltraud Balzer, die das Unternehmen ihrer Eltern übernahm, inzwischen 60 ist und immer noch selbst im Laden steht. Sie ist neugierige Fragen gewöhnt, auch wenn sie ein bissel stören,

Bäckerei Balzer, damals noch in der Großen Hamburger Straße

denn andauernd klappt die Ladentür: 100g Buttergebäck bitte, drei Brötchen und ein halbes Brot, ein Eclair – nicht einpacken, esse ich gleich ... So geht es den ganzen Tag. „Wir backen alles selbst, aber ich habe nur noch zwei Bäcker und Konditoren. Früher hatten wir sechs Angestellte." Zum Nachtbackverbot sagt sie: „Das gibt's doch gar nicht mehr! In der DDR war das ganz schlimm: erst 3 Uhr 15 durfte der Meister die Backstube betreten, die Gesellen eine halbe Stunde später. Ich kann Ihnen sagen! Wenn halb Acht die Tür aufging, wollten die Leute ihre Brötchen und Brot, und wenn das so frisch war, konnte man es ja gar nicht teilen; sagen sie das mal den Leuten ... Heute ist das alles ganz anders."

Eine andere Variante zur Entspannung und Lockerung der Sinne bietet zumindest in der warmen Jahreszeit der Monbijou-Park: Flanieren, sich auf einer Wiese in der Sonne ausstrecken, auf eine Bank setzen und die Ruhe genießen. Von den Baracken, die Außenstelle der Weißenseer Kunsthochschule sind und in denen Arno Mohr sein

Atelier hatte, kommt meist schöpferische Stille. Das Geschrei der Gören im Kinderbad mitten im Park legt sich wie ein Teppich über die wenigen bis hierher dringenden Reste des Großstadtlärms. So sind die hehren Bauten für die Schätze der Weltkultur gegenüber auf der Museumsinsel die rechte Kulisse für Berliner Tagträume. – Nur Strand muss kein Traum bleiben. Den gibt es wirklich und gleich nebenan mit Blick auf Ausflugsdampfer, die vor dem Bodemuseum auf der Spree vorbei gleiten.

Die **Strandbar** (Monbijoustr. 3) ist eine Idylle aus Märkischem Sand. Eigentlich nur zur Versorgung des Publikums eines Sommertheater gedacht, das hier am Mäusebunker seit Jahren spielt, sprach sich die Existenz der „Theaterkantine" schnell herum, sie mauserte sich zum Magneten und wurde eine Institution. Wo es dem Berliner gefällt, da geht er immer wieder hin.

„Ja", sagt Betreiber Christian Schulz, „die Strandbar ist aus der Theaterbar des Hexenkessel-Hoftheaters hervorgegangen. Bei der Atmosphäre hier blieben Leute nach der Vorstellung immer lange sitzen und erschienen ständig früher. Da kam uns die Idee, das auszuweiten. Im vorigen Jahr stand der Platz am Spreeufer für die Bewirtung zur Verfügung und der Name ‚Strandbar' ergab sich von selbst – aber, wenn schon, sollte es richtig sein." Also wurden Sand, Strandkörbe und Liegestühle, Palmen und Oleander herangeschafft ... „Das ist so gut angenommen worden, wie wir es selbst nicht erwartet hatten. Von früh an ist hier Betrieb. Man kann's verstehen."

Die Idee wurde, man sollte es nicht glauben, auch angefochten. Sachlich und kommentarlos weist Schulz auf eine Internetseite hin. Was da jedoch gegen die Strandbar gesagt wird ist im Tonfall so unschön, dass Zweifel am Inhalt wach werden. Sei's drum – Schulz ist mit diesem Problem in der Spandauer Vorstadt nicht allein. Nach Klagen mussten andere Live-Musik aufgeben, schließen oder neue Räume suchen. Es ist sicher nicht einfach, da zu leben, wo das Herz einer Großstadt schlägt und auf Schritt und Tritt ihr Pulsschlag zu spüren ist – aber es muss ja keiner dahin ziehen und wer es dennoch tut, muss die Gegebenheiten akzeptieren. Das sagt zumindest der gesunde Menschenverstand – und ein „Berliner Urtyp" erklärt: „Der Berliner, ob von hier oder drüm, hat damit keene Probleme – det sind bloß diese Neuberliner, die denken det se hier mitten inne Stadt Rosen züchten könn, wie da, wo se herkomm!" Aber Gerüchten soll nicht Vorschub geleistet werden, die leidige Geschichte sei nur erwähnt, um das Bild zu komplettieren.

Auf den ersten Blick scheint es, die Strandbar habe sich von ihrer Wurzel gelöst und die Schrift **Hexenkessel-Hoftheater** auf der Bunkerwand über dem Ausschank sei nur Alibi. „Ganz im Gegen-

Die Strandbar – beliebter Treffpunkt vor oder nach einem Theaterbesuch im „Hexenkessel"

teil", erklärt Schulz, „ich habe schon immer Wege gesucht, Theaterleute und Publikum zusammen zu bringen. Und: ich wollte einen Ort schaffen, wo Leute sich wohl fühlen, ob sie nun gerade Theater gespielt oder zugesehen haben. Und ehrlich, ohne den Erfolg des Hexenkessel gäbe es das alles gar nicht." Schulz ist Theatermann und steht beim Dramatischen Theater zum Museumsinselfestival selbst als Schauspieler auf der Bühne.

Christian Schulz ist auch der Produzent des Hexenkessel-Hoftheaters. Das feierte im Sommer 2003 zehnjähriges Bestehen und ist in dieser Zeit zur Berliner Adresse für deftig frisches Volkstheater geworden, wie es zur Zeit Shakespeares üblich war. Schulz: „Es ist ein Glück, dass wir tun können, was wir gern tun wollen; wir haben lange hart dafür gearbeitet. Das ist Luxus, aber es ist ein Lebensweg, dafür zu kämpfen." An diesem Willen zum Luxus der Company haben jeden Abend ein paar hundert Zuschauer teil. „Wir wollen Theater machen, das den Leuten gefällt, die keinen neuen Trend erwarten. Nicht noch mal alles neu erfinden, wir wollen nicht schlauer sein als der Dichter."

Angefangen hat es im Prenzlauer Berg, in einem besetzten Haus namens „Hexenkessel". Jan Zimmermann, der Regisseur und künstlerische Leiter des Ensembles: „Der Hexenkessel war eine Art Mini-Tacheles, besetzt von Leuten, die in irgend einer Form Kunst machten. Ich war damals theatermäßig in einer Sinnkrise und vor allem politisch engagiert. Eines Tages kam Roger Jahnke und suchte einen Regisseur, der mit seiner Truppe „Thea-tut" „Romeo und Julia" inszeniert. Ich redete ihnen das aus und riet zum „Wintermärchen", das geht auch mit kleiner Personage, die Spielfassung würde ich ihnen schreiben. Techniker, Beleuchter und Bühnenbildner waren im Hexenkessel, dazu Jahnkes Truppe, die sehr körperlich gestisches Theater machte ... Ich habe also doch wieder inszeniert. Und weil wir auf unserem Hof spielten, nannten wir uns ‚Hexenkessel-Hoftheater'. So anekdotisch begann das tatsächlich - und das Schönste ist: Alle, die 1993 mit uns angefangen haben, sind noch dabei." Zum Jubiläum hat das Shakespeare-Ensemble, das sich längst ein Repertoire erarbeitete, das „Wintermärchen" wieder aufgeführt. Nähe zum Publikum ist Programm, und das hieß immer, dass man nach dem Spektakel noch gemeinsam sitzt und die Vorstellung ausklingen lässt. Roger Jahnke: „Unser Ziel war von Anfang an, dass die Leute, wenn sie nach der Vorstellung wieder in den Alltag der Großstadt eintauchen, ein Lächeln mitnehmen, oder einen Seufzer." Zimmermann ergänzt: „Shakespeare so aufbereiten, dass die Geschichten klar werden, dass Spieler und Publikum daran Spaß haben." Der hat sich mitgeteilt und herumgesprochen, das Unternehmen wurde zum Selbstläufer. Zimmermann: „Es war trotzdem Kampf, mit widrigen Umständen und technisch organisatorischen Problemen. Kaum war eine Fehlerquelle beseitigt, tat sich eine neue auf. Dabei haben wir eines gelernt: Demut." Irgendwann musste der Hexenkessel aufgegeben werden, der Name blieb und nach Versuchen an anderen Orten rekrutierte Christian Schulz den Platz im Monbijou-Park.

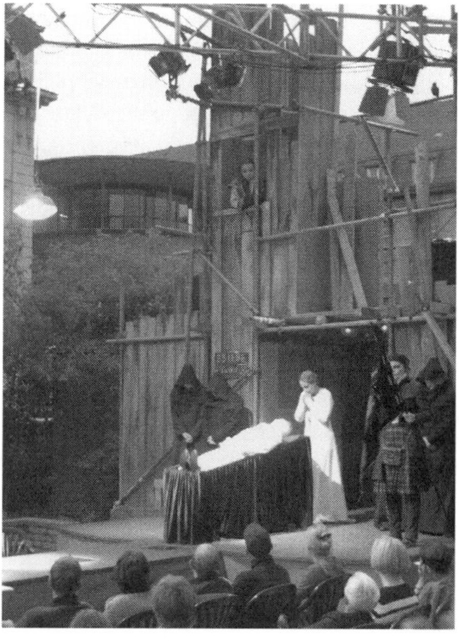

Hexenkessel-Hoftheater: Szenenfoto einer Aufführung von „Richard III." im Sommer 2003

Und der hat theatralische Tradition. Gar nicht weit entfernt, am Monbijouplatz auf der anderen Seite des Parks öffnete 1760 ein Pantomime-Theater, als erstes in der Spandauer Vorstadt, seine Pforten. Theater gespielt wurde hier oft und gern, meist in den Sälen von Gasthäusern oder Hotels. In der Königstädtischen Reitbahn in der Sophienstraße 16 begeisterte um 1848 der Circus von Alessandro Guerra; auch der von den Nazis abgerissene Rundbau von Zirkus Busch war hier. Vor allem aber wurde das kulturelle Bedürfnis der Anwohner von Lokalen mit Tanzsälen, wie dem „Caffee-Haus von F. Staffani" in der Münzstraße, oder Ballhäusern befriedigt. Die lagen meist in Hinterhäusern und standen auch für Feiern aller Art oder Vereinssitzungen zur Verfügung. **Clärchens Ballhaus** (Auguststr. 25) bewahrte seinen Charakter bis heute, auch wenn das Vorderhaus längst verschwunden ist.

Einige Bedeutung erlangten die 1905 fertig gestellten Sophiensäle (Sophienstr. 18) des Berliner Handwerkervereins. Sie waren Prunkstück eines zum Zwecke der Bildung angelegten Gebäude-Komplexes. Vor dem Ersten Weltkrieg fanden auch Theater-Gastspiele meist auswärtiger Gruppen statt; das von Flora Brick geleitete jiddische „Berliner Residenz-Ensemble" spielte regelmäßig da. Der größte Saal fasste 3000 Personen, und so nutzten ihn auch, oft um das Versammlungsverbot zu umgehen, Parteien und politische Organisationen aller Couleur – im Oktober 1918 agitierte Karl Liebknecht für die Revolution. Später trafen sich hier die Ringvereine, eine Art Sozialversicherung für Knastbrüder. Seit 1996 schreiben die Sophiensäle sich **sophiensæle**, sind freie Theater-Spielstätte und als solche eine der erfolgreichsten im deutschen Sprachraum. Mit der Uraufführung von Sasha Waltz' „Allee der Kosmonauten" eröffnet, kamen seitdem mehr als 200 Produktionen Tanz- und Sprechtheater, Performancekunst und Konzerte aus dem In- und Ausland auf die Bretter, die die Welt bedeuten, darunter 50 Uraufführungen.

Als größtes Theater in der Spandauer Vorstadt zog ab 21. Dezember 1859 das Viktoriatheater das Publikum in die Münzstraße 20 und 1866 folgte ein paar Häuser weiter das Alhambra-Theater. Von beiden ist nichts mehr im Stadtbild zu finden. Ob Ernst Amadeus Theodor Liftaß (1816–74) in seiner Bohème-Zeit zwischen 1832 und 1837 als er Schauspieler werden wollte, auch in der Spandauer Vorstadt auftrat ist nur zu vermuten – sicher ist, dass er spielte und mit Freunden nördlich des Rosenthaler Platzes auf dem Wollankschen Weinberg das „Lätitia Theater", das spätere „Vorstädtische Theater" gründete. Ebenso sicher ist, dass die erste seiner „Litfaß-Säulen" an der Münzstraße 23/Ecke Grenadierstraße stand. Von 1922 an bestand in den „Folie Caprice" (Linienstr. 132) ein „Jüdi-

Die Volksbühne am Rosa-Luxemburg-Platz

sches Theater", in dem im Rahmen eines Gastspieles Alexander Granach auftrat; ab 1923 stellte es eigene Produktionen vor.

Der östliche Rand der Spandauer Vorstadt wird von einem Theaterbau aus Kaisers Zeiten dominiert, auf dessen Dach die Buchstaben „OST" prangen. Diese Leuchtschrift ist Relikt einer Inszenierung der **Volksbühne** aus den frühen 1990er Jahren und war zugleich Werbegag der Zigarettenfirma, die extra für die Aufführung des „Guten Menschen von Sezuan" die Sorte „OST" kreierte.

Seit seiner Eröffnung haftet dem Haus der Stallgeruch des Revolutionären an. Natürlich heißt das nicht: Barrikaden auf der Straße. Der Lehrer Bruno Wille forderte im Juni 1890 auf einer öffentlichen Versammlung: „Die Kunst soll dem Volke gehören, nicht aber das Privilegium eines Teiles der Bevölkerung einer Gesellschaftsklasse sein. (...) Die ‚Freie Volksbühne' soll auch das Proletariat auf den Geschmack an wirklich edler Kunst bringen, sie soll ihren Teil beitragen zur Hebung der völkischen Lebensführung ... Wer soll nun in der ‚Freien Volksbühne' spielen? Nicht Dilettanten, sondern tüchtige Berufsschauspieler ..." Dem folgend, wurde die „Freie Volksbühne" gegründet (deren Abonnement-Prinzip heute Allgemeingut ist) und Wille ihr Vorsitzender; die erste Vorstellung fand am 19. Oktober 1890 mit Ibsens „Stützen der Gesellschaft" statt. Wille, der in Friedrichshagen lebte, und die Volksbühne wurden zum geistigen Zentrum des neuen Berlin, dessen Kern der „Friedrichshagener Dichterkreis" war. Aus der Freien Volksbühne ging, wieder unter Leitung Willes, dem die sozialdemokratische Ausrichtung nicht behagte, die „Neue Freie Volksbühne" hervor, die bald nach einem eigenen Theater strebte. Im Januar 1909 beschloss der Verein, dafür einen Fonds zu gründen. Am 14. September 1913 wurde am Bülowplatz der Grundstein für ein Schauspielhaus der Volksbühne nach Entwürfen Oskar Kaufmanns gelegt, das am 30. Dezember 1914 eröffnet wurde und beiden Volksbühnen-Vereinen zur Verfügung stand. Ab 1915 inszenierte hier Max Reinhardt bis er ins Große Schauspielhaus zog. Mit Erwin Piscators politisch engagiertem (Ernst Toller, Friedrich Wolf, Bert Brecht) und Agit-Prop-Theater aber auch Commedia dell'Arte erlebte das Haus 1924–27 seine Glanzzeit. Vom Portal des Hauses war weithin zu lesen: Die Kunst dem Volke. Das ließen die Nazis entfernen, die erst die Volksbühnenvereinigung gleichschalteten und sie später auflösten.

Das im Krieg zerstörte Haus wurde 1950–54 sehr vereinfacht wieder aufgebaut, der Zuschauerraum von 1700 Plätzen auf 800 verkleinert. Nach der Teilung Berlins gründete sich die Volksbühnenbewegung im Westen als Besucherorganisation neu; das Ensemble spielte im Theater am Schiffbauerdamm, zog dann ins Haus am Rosa-Luxemburg-Platz, wie der Bülowplatz nun hieß, und das mit dem **Theater im 3. Stock** einen zweiten Spielort erhalten hatte. Um 1970 begann unter der Ägide des Schweizer Regisseurs und Brecht-Schülers Benno Besson eine neue Blüte des Hauses. Glanzleistungen von Angelika Domröse, Ursula Karusseit, Hilmar Thate, Herrmann Beyer, Winfried Glatzeder u.a. waren in Commedia dell'Arte- oder Shakespeare-Inszenierungen sowie in Stücken Brechts oder Heiner Müllers zu bewundern. Kraft- und fantasievolles Theater, in erfrischendem Gegensatz zur im Lande verordneten Steifheit, machte die Volksbühne zum beliebtesten Theater Ostberlins. Das „Theater im 3. Stock" bot intelligentes Kammertheater; hier traten aber auch Liedermacher und Jazzer „unplugged" auf.

Mit dem Ende der DDR übernahm Frank Castorf das Haus, leitete eine neue Ära ein und zieht mit sozial engagierten und provokanten, weltweit beachteten Inszenierungen besonders junge Zuschauer ins Haus. Der **Rote** und der **Grüne Salon**, unter Besson bereits zu Spielstätten geworden, führen längst ein Eigenleben als Clubs und Veranstaltungsorte.

Auch am westlichen Rand der Spandauer Vorstadt zwischen Spree und Oranienburger Tor, strahlt ein Theaterstern, im **Friedrichstadtpalast** (Friedrichstr. 107). Äußerlich wie der folkloristische Neubau des Basars von Buchara wirkend, entstand er Anfang der 80er Jahre. Hinter der Fassade sprudeln Abend für Abend die Fontänen des Showbiz.

Was man dem Haus nicht ansieht, ist die lange, dem Neubau vorausgegangene Geschichte. Sie begann ein paar hundert Meter Luftlinie entfernt, auf der anderen Seite der Friedrichstraße in der

Der Friedrichstadtpalast

Friedrichstadt. Da erinnert zwischen Reinhardtstraße und Berliner Ensemble noch die Straße „Am Zirkus" daran, dass die hier 1867 eröffnete Markthalle nach kurzem unrentablem Bestand zum Zirkus mit 5000 Plätzen umgebaut wurde. Von 1873 an hieß es „Manege frei" für Artisten, Tiere, Attraktionen von Zirkus Renz und anderen – bis 1918 Max Reinhardt alles zum „Großen Schauspielhaus" verwandeln ließ. Der mit dem Umbau beauftragte Architekt Hans Poelzig sicherte sich mit der dafür ersonnenen Tropfsteinhöhlen-Architektur einen Platz im Architekten-Olymp. Als Erik Charell 1924 das Haus übernahm und zum Revue-Theater machte, in dem die Comedian Harmonists, Claire Waldoff und viele andere ihre Erfolge feierten, ging der Stern auf, der heute noch strahlt. In den 30er Jahren war es Operetten-Theater. Nach 1945 ließ die Artistin Marion Spadoni mit einigen Kollegen das durch Bomben beschädigte Haus wieder aufbauen, nannten es „Palast-Varieté" und gaben ihm den Charakter den es heute noch hat: Varieté, Ballett, Girls-Reihe und Kinderensemble. 1947 wurde aus dem „Palast-Varieté" der „Friedrichstadtpalast". Der begeisterte mit eigenproduzierten Revuen das Publikum und brachte mit der zulässigen Dosis Glamour ein wenig Glanz in den DDR-Alltag. Auch über die vermauerte Grenze hinaus erwarb sich der „Palast" einen guten Ruf und diente als Gastspielort für Stars und Ensembles von Weltruf: Louis Armstrong und Gilbert Bécaud, Moskauer Staatszirkus, Indisches Nationalballett und viele andere.

Noch heute streiten sich die Geister, ob die Grundwasser-Absenkung für den Charité-Neubau am Ende des alten Friedrichstadtpalastes Schuld war, oder einfach nur die Bausubstanz marode. Wie auch immer: 1980 wurde das Haus geschlossen und später abgerissen. Der 1984 eröffnete neue Friedrichstadtpalast mit modernster technischer Ausstattung hatte kaum zu glänzen begonnen, da wurde sein Leuchten durch die Wendewirren verdunkelt – das Publikum hatte andere Vergnügungen im Sinn und blieb aus; das Ende des größten Revue-Theaters in Europa schien besiegelt. Aber 1993 übernahm Alexander Iljinksij die Intendanz. Er war Chefdramaturg, Pressesprecher und Autor des Hauses, hatte zuvor an der „Ernst Busch"-Schule unterrichtet, Rock-Gruppen produziert und anderes mehr. Sein Konzept, in theaterhaften Inszenierungen Elemente der klassischen Glanz- und Ausstattungs-Revue mit denen moderner Shows zu verbinden und dazu auch Hightech einzusetzen, ging und geht immer noch auf. Mit 90-prozentiger Auslastung stellt das seit 1995 als landeseigene GmbH agierende Haus mit 2000 Plätzen alle Theater Berlins in den Schatten und stieg wieder zu weltweitem Ansehen auf. Hier ist alles möglich, wenn es nur Entertainment ist: Ballett, Gesang, Artistik, Unterwasserballett und Eisrevue sowie schwelgerischer Bühnenzauber bis hin zu holografischen Raumbild-Effekten. Und wieder gastieren Weltstars: Ute Lemper zum Beispiel oder Siegfried und Roy.

Im Souterrain war eine zweite, kleine Bühne eingerichtet worden, auf der einst Kammertheater, Jazz, Kabarett und Frivoles zur Nacht mit und ohne Tanz geboten wurde. Wie das große Haus, war auch die „Kleine Komödie" ein Publikumsmagnet. Seit November 2002 hat da Deutschlands erster Comedy Club seine Heimstatt. Jeden Abend bietet der **Quatsch Comedy Club** Nonsens der Extraklasse mit Stars und Neueinsteigern aus aller Welt. Montag bis Mittwoch gibt es abendfüllende Programme, Donnerstag bis Samstag wetteifern vier Stand-up-Comedians mit einem Moderator um die Gunst des Publikums und sonntags lockt ein Special.

Quatsch Comedy Club im Friedrichstadtpalast

Da, wo in der Spandauer Vorstadt „der Bär steppt", in den Hackeschen Höfen (Rosenthaler Str. 40/41, Sophienstr. 6), hat in Hof II ein kleines aber feines Theater sein Zuhause, das 2003 auf die ersten zehn erfolgreichen Lebensjahre zurückblickte, das **Hackesche Hof-Theater**. Neu gegründet setzt es doch eine Tradition fort und knüpft an eine andere an: das Pantomime-Ensemble des Deutschen Theaters, aus dem es hervor ging, und der historische Ort.

Hier erblickte der literarische Expressionismus das Licht der Welt. Der Dichter Jacob van Hoddis (ein Anagramm des Namens: Hans Davidsohn) gründete in den Hackeschen Höfen 1909 mit Gleichgesinnten den Neuen Club, in dem sie ihre Gedichte und Pamphlete vortrugen und diskutierten. Einige der Abende waren als „Neopathetisches Cabaret" öffentlich und das gilt als Geburtsstunde des Expressionismus in der Literatur, als Geburtsurkunde van Hoddis' Gedicht „Weltende". Im Durchgang zur Rosenthaler Straße erinnert eine Gedenktafel an den 1942 von den Nazis ermordeten Dichter.

Das ist jedoch nicht die einzige Wurzel des Hackesche Hof-Theaters. Theatergründer und -leiter Burkhart Seidemann: „Zum einen gab es in der Spandauer Vorstadt nicht wenige jiddische Theater, in denen auch durchreisende Truppen auftraten. Zum anderen haben mich Kafkas Tagebücher infiziert, der das jiddische Theater liebte und immer im Bezug auf Berlin darüber schrieb. Das hat meine Fantasie aktiviert, die Geschichte des Viertels inspirierte mich zusätzlich. Das soll kein ‚Wiedergutmachungszirkus' sein, es geht uns um die Botschaft an die Menschen: Die Kultur der osteuropäischen Juden, die waren es ja vor allem, die Jiddisch sprachen, war eine Kultur der Gewaltlosigkeit. Das schien mir ein guter Anknüpfungspunkt. Außerdem ist das jiddische Theater aus seiner Tradition sehr gestisch und das kam mir entgegen. Bei Kafka fand ich eine Beschreibung des expressiv körperlichen Spiels des Schauspielers Jizchak Löwy, den Kafka in Prag erlebte und der zuvor in Berlin aufgetreten war. Da gab es viele Brücken zur Pantomime." Die Begeisterung und Leidenschaft mit der Seidemann erzählt, berichtet, schildert, querverweist, lässt ahnen, wie das aus seiner Feder stammende und unter seiner Regie entstehende Theater die Zuschauer in Bann zieht. „Jiddisches Theater ist Volkstheater und ebenso voller Witz wie stark musikalisch geprägt, ein Lieder-Theater". Und so machen rein musikalische Veranstaltungen und Gast-Konzerte auch einen Teil des Programms aus: regelmäßig gastierten Jalda Rebling, Mark Aizikovitch und Karsten Troyke und als Regisseur Peter Waschinsky. Zum Repertoire gehören eigene Stücke, Wiederentdeckungen jiddischer Stücke aus Archiven und Literatur-Bearbeitungen.

„Die kleine Bühne mit ihrem stummen Personal, die man uns anfangs nur vorgezeigt hatte, nachher aber zu eigner Übung und dramatischer Belebung übergab ..." – erinnerte sich der alte Goethe an das Puppenspiel, das seine Schwester und er als Kinder zu Weihnachten geschenkt bekamen, und bekennt: „Dieses unerwartete Schauspiel zog die jungen Gemüter mit Gewalt an sich; besonders

Das Puppentheater Firlefanz, Sophienstraße 10

auf den Knaben machte es einen sehr starken Eindruck ..." Der Faszination des Puppentheaters zu erliegen, ist weder an Weihnachten gebunden noch Vorrecht der Kinder. So spielt Harald Preuß in seinem **Puppentheater Firlefanz** (Sophienstr. 10) für Jung und Alt Adaptionen von Grimms Märchen und Mozarts „Zauberflöte" und „Entführung aus dem Serail" – nach Schallplattenaufnahmen. Die Puppen bauen ihm Barbara und Günter Weinhold.

„Ich wollte immer Puppenspieler werden, mit zwölf habe ich das erste Mal vorgesprochen", erzählt der aus Ludwigsfelde stammende Preuß. Sein Handwerk lernte er 1966–70 an der Staatlichen Puppenbühne Dresden. Nach einigen Jahren an Puppentheatern der DDR und Auftritten beim Fernsehen, machte er sich 1982 selbstständig. „Freischaffend durfte ich als Puppenspieler sein, aber nicht mehr fürs Fernsehen arbeiten. Das folgende Hickhack war grausig, und es ging nur um Firlefanz. Und weil ich für meine Bühne einen Namen brauchte, dachte ich: Firlefanz, passt gut." Fortan tourte er durchs Land, spielte in Berlin für das Kulturhaus Mitte in der Rosenthaler Straße. „Als 1986 die Sophienstraße renoviert wurde, bekam ich nach Fürsprache dieses Ladengeschäft als Probenraum und spielte hier fürs Kreiskulturhaus. In der Wende hab ich das dann übernommen." Preuß spielt immer allein, also sind nie mehr als drei Marionetten auf der Szene, und reist durch Land und Ausland, bis nach Russland und Italien. Dann sind in seinem Haus auch Gastspiele zu sehen, zum Beispiel von Hella Müller.

Bei Firlefanz tanzen die Puppen an Strippen – etwas weiter tun sie es live. Da wird tacheles geredet, im Tacheles nämlich. Auf halbem Wege von der traditionellen Puppenbühne zum Inbegriff non-konformistischer Kunst ist das **Theaterhaus Mitte** (Koppenplatz 12) in einer 1906 nach Plänen von Stadtbaumeister Ludwig Hoffmann erbauten Schule, die in der DDR den Namen Brechts trug und in der 2000 mangels Kindern der Unterricht eingestellt wurde. Es bietet gegen geringes Entgelt Probenräume für jedermann, wenn er nur Theater-Profi ist. Das nutzen neben freien Gruppen zunehmend auch renommierte Häuser.

Vom Bezirksamt Mitte 1992 als Theaterprobenhaus gegründet, um freien Gruppen damals noch kostenlos Probenmöglichkeit zu bieten, war es zuerst im Kulturhaus Mitte und zog 1996 in ein leerstehendes BEWAG-Gebäude am Koppenplatz. Da wurde eine Bühne eingerichtet und jährlich veranstaltete Werkstatt-Tage sollten die freie Szene vernetzen. Mit dem Umzug in die Schule änderte sich der Name. Antje Budde, 2003 künstlerische Leiterin: „Es hat sich nicht nur der Name geändert. Das Theaterhaus vereint unter seinem Dach verschiedene Aktivitäten, wird von Kulturamt und Förderband e.V. gemeinsam getragen. Das Theaterbüro vergibt Probenräume und koordiniert die Nutzung – wenn Deutsches Theater oder BE sich einmieten, müssen sie natürlich mehr zahlen als freie Gruppen oder junge Leute und Absolventen, die sich auf ein Vorsprechen vorbereiten. Wir arbeiten verstärkt mit den Hochschulen zusammen, Studenten können sich hier auf Prüfungen vorbereiten - in zwei der neun Räume stehen Klaviere, musikalische Proben sind also möglich." Die Aula ist jetzt 99-Plätze-Spielstätte mit Technikern, Bühnenbildnern und Kostümabteilung. Hier finden auch theaterspezifische Weiterbildungen statt, Schüler und Studenten können berufsorientierte Praktika absolvieren. Daneben haben das Tanzensemble Marameo, ein Schachclub und das Berlin-Büro eines auswärtigen Kultur-Veranstalters im Hause ihr Domizil.

Es gibt noch mehr Theater in der Spandauer Vorstadt. Erwähnt seien das Varieté Chamäleon in einem Jugendstil-Saal der Hackeschen Höfe und das von Hans-Joachim Frank gegründete und geleitete Theater 89, das seine Heimstatt in der Torstraße 216 hat, aber mehr im In- und Ausland auf Achse ist als daheim.

Die Existenz des **Kunsthauses Tacheles** (Oranienburger Str. 54–56A) begann am 13. Februar 1990 mit einer Hausbesetzung. Die Band „Tacheles" eroberte in den Wende-Wirren die Ruine, um einen Freiraum für Künstler zu schaffen. Die Musikanten probten und initiierten Theater-Projekte; Bildende Künstler kamen dazu. In jener Zeit wurden die Worte Ernst Reuters wahr: „Ihr Völker der Welt schaut auf diese Stadt." Und von überall her kamen sie – nicht lange, und das „Tacheles" war Inbegriff alternativer Kunst. Die Ruine erhielt ihr zweites Leben.

Kunsthaus Tacheles in der Oranienburger Straße 54–56A

Das erste begann 80 Jahre früher. Nach Plänen des Architekten Franz Ahrens entstand 1907–09 auf den Grundstücken Friedrichstraße 110–112 und Oranienburger Straße 54–56A das Passage-Kaufhaus als fünfgeschossiger Stahlbetonbau mit Kuppel, aufwendigen Treppen und Brücken, den drei Bildhauer mit Figuren verzierten. Ein Monument wilhelminischer Protz- und Prunksucht mit Geschäften, Büros, Ausstellungen und Unterhaltungsetablissements. Die Pleite schien von Anfang an vorprogrammiert und 1928 übernahm alles die AEG, um es zum „Haus der Technik" zu machen und neueste Erfindungen vorzustellen. Trotz schwerer Kriegsschäden zogen an der Oranienburger Straße 1949 die „Oranienburger-Tor Lichtspiele" ein, die 1970 zum „Studio Camera Berlin" wurden. Studio Camera hießen die in allen Bezirksstädten präsenten Kinos des Staatlichen Filmarchivs der DDR, in denen Film-Klassiker in Originalfassung gezeigt wurden. Diese Kinos hatten Club-Charakter (man musste Mitglied sein) und waren sehr beliebt: neben cineastischen Meilensteinen von Eisenstein, Buñuel, Chaplin, Clair, Lang oder Murnau liefen auch Filme, die sonst in der DDR nicht zu sehen waren, klassische Western, wie „Winchester 73" und John Waynes Durchbruchfilm „Stagecoach", oder Disneys „Schneewittchen". In den 1980er Jahren wurde der am schwersten zerstörte Teil der Passage gesprengt und übrig blieb, was die Welt heute als Tacheles kennt.

Ob das zum anerkannten Kunst-Standort aufgestiegen oder zur Touristenattraktion mutiert ist, darüber mag man streiten. Anfang der 90er Jahre war das Tacheles als erstes neues Projekt ein Motor

Atelierarbeit im Tacheles

für die Entwicklung der Spandauer Vorstadt: außer der Galerie Wohnmaschine kam alles andere später.

„Anfangs war das hier recht wüste Arbeiten und Leben in allen Schichten Berlins umstritten. Für Linke waren im Tacheles Verräter an der alternativen Kultur, Konservative feierten es als zweite Gedächtniskirche; Politiker aller Richtungen benutzten es für ihre Ziele", erzählt Henning Gruner vom Vorstand. Das Spannendste an der Unternehmung ist für ihn, dass sie „tatsächlich Freiraum für internationale junge Kunst" ist. Martin Reiter, Musikant aus Wien, der in den 80ern mit einer Band im Rahmen des Kulturaustausches in Berlin und der DDR gespielt hatte und am Tacheles blieb, ergänzt: „In unseren etwa 50 Ateliers haben Künstler aus fast hundert Kulturkreisen gearbeitet. Nur Theater hat nicht mehr den Umfang wie früher. Der Kosten wegen." In die 36 bis 44 qm großen Ateliers kann sich für ein halbes Jahr zum Unkostenpreis einmieten – wer nach Bewerbung die Prüfung der Jury bestanden hat. Seit 1998 gehört das Grundstück der Fundus-Gruppe, der auch das „Adlon" gehört und die die gesamte Infrastruktur sanierte und auf der Südseite eine Glasfront installierte. Reiter und Gruner sehen keinen Grund, um die Existenz des Tacheles zu fürchten: „Wir agieren international, haben Verträge mit Botschaften, vermitteln und kuratieren Projekte im Ausland – und vor allem: Wir erwirtschaften uns selbst."

In die Ruine zog natürlich auch Gastronomie ein: Das **Café Zapata** – mit Tischen auch hinten auf dem Hof. Diese skurril mit Skulpturen möblierte Brache markiert etwa den Grundriss der einstigen Passage. Und Kino gibt es im Tacheles immer noch: das mit Dolby-

Surround ausgestattete **High End 54** ist ein Programmkino mit zwei Sälen (57 bzw. 34 Plätze).

Vor dem Kriege gab es in der Spandauer Vorstadt mehr als 20 Lichtspielhäuser – so viele sind es nicht mehr, selbst wenn man alle Säle addiert, denn einige Kinos bespielen mehrere Säle, wie das **Filmtheater Hackesche Höfe**. Dieses Independent-Kino mit fünf Sälen über dem Varieté Chamäleon zeigt vorwiegend europäische Filme, räumt aber auch dem Dokumentarfilm oder speziellen Themen ständig einen Platz ein. Außerdem laufen hier thematische Filmreihen oder Festivals, wie zum jüdischen oder französischen Film, in diesem Bereich finden auch Premieren statt. Zum Einstimmen oder Nachklingenlassen lädt eine elegante Bar ein; am Wochenende wird ein Midnight-Special geboten und sonntags eine Matinée.

Nebenan ist das vom Programm ähnlich strukturierte **Kino Central** mit zwei Sälen (89 und 79 Plätze) im Hofe von **Haus Schwarzenberg** (Rosenthaler Str. 39). Das seit 1996 bestehende Lichtspielhaus ist auf filmische Extravaganzen und Erstaufführungen aus dem Filmkunst-Bereich spezialisiert. Besonderheiten sind das nachmittägliche Non-Stop-Kino mit thematischen Schwerpunkten und das Montags-Special mit obskuren Filmwerken. Auch Premieren finden statt und 2002 war das Central Berlinale-Kino. Ein Besuch hat dazu noch einen Nebeneffekt: das Haus Schwarzenberg selbst. Das ist das Kontrast-Programm zu den Hackeschen Höfen. Regiert da der Glamour, herrscht hier noch der morbide Charme der DDR-Zeit mit bröckelndem Putz. Dass sich hier eine breite Szene mit Designer Studios, Ausstellungsräumen, Videokunst- und Foto-Ateliers und Avantgarde-Musik etablierte, ist der Künstlergruppe „Dead Chickens" zu danken, die das alles 1995 initiierte. Hier befand sich einst, eine Tafel und alte Inschriften erinnern daran, die Blindenwerkstatt von Otto Weidt (1883–1947). Er gründete 1940 in dem Hof eine Werkstatt, in der er vorwiegend Menschen aus dem jüdischen Blindenheim in der Kreuzberger Wrangelstraße beschäftigte und damit lange vor der Deportation bewahrte: wegen des erhöhten Bedarfs der Wehrmacht an Pinseln, Bürsten und Besen hatte er seinen Betrieb als „kriegswichtig" registrieren lassen. Als die Gestapo 1942 die meisten Beschäftigten abholte, ging er mit einer Blindenbinde am Arm ins Sammellager Große Hamburger Straße, löste seine Leute mit Geld und Erpressung aus und führte sie durch die Stadt – einen am anderen, Hand in Hand hinter sich her – in seine Werkstatt zurück. Auch das **Anne-Frank-Museum Berlin** ist hier.

Das **Filmkunsthaus Babylon** (Rosa-Luxemburg-Str. 30) ist das letzte Großkino der 20er Jahre in Berlin und steht seit 1985 unter Denkmalschutz. Erbaut wurde es als Teil eines Ensembles aus Wohn-

Haus Schwarzenberg, Rosenthaler Straße 39

und Geschäftshäusern vis-a-vis der Volksbühne von Hans Poelzig. Das 1929 eröffnete Stummfilmkino war im wahrsten Sinne ein Film-Theater – mit Rang, Orchestergraben, fünf mal acht Meter großer Bühne mit Künstlergarderoben und eingebauter Orgel. Mit 1200 Plätzen galt es als eines der schönsten Kinos seiner Art in Berlin und die 1928 gebaute Philipps-Orgel war neben den üblichen Funktionen auch mit Spezialeffekten, wie Meeresrauschen, Polizeisirene oder Pferdegetrappel ausgestattet. Sie ist, nach umfangreicher Restaurierung mittlerweile die einzige Kinoorgel in Deutschland, die am Originalstandort verblieb, noch benutzt wird und dem Publikum ein authentisches Stummfilmerlebnis zu vermitteln vermag. Auch Bühne und Orchestergraben existieren noch, bleiben im Normalfall jedoch hinter der neuen (vollständig versenkbaren) Großleinwand verborgen. Zwei Jahre nach seiner Eröffnung wurde das Babylon zum Tonfilmkino umgerüstet und 1948 avancierte es, im Krieg nur leicht beschädigt, zum Premierenkino der DEFA und des sowjetischen Filmvertriebs Sovexport. Als neue Kinos in der Karl-Marx-Allee ihm den Rang abliefen, wurde es Programmkino, in den 80er Jahren außerdem Spielstätte des Staatlichen Filmarchivs der DDR. Als solches entwickelte es sich zum Treffpunkt der alternativen Szene. Nach der Wende drohte dem Babylon die Schließung, aber Filmemacher und Kinoliebhaber setzten sich für seinen Erhalt ein – 1993 wurde der große Saal bautechnisch geschlossen; den

Spielbetrieb hielt ein improvisiertes Studio-Kino in der Empfangshalle (Kleinod sachlicher 20er-Jahre-Architektur) aufrecht. Nach umfangreichen Vorbereitungen begann 1996 die fünf Jahre dauernde Restaurierung. Der Saal wurde in den Zustand der 40er Jahre versetzt, als hier Premieren gefeiert wurden, alles andere nach Poelzigs Plänen wiederhergestellt. An der Seite ist ein Studiokino. Auf dem Spielplan stehen alte und neue Klassiker, Kunstfilme, sowie wichtige Filme (oft in Originalfassung) aus den Produktionen der europäischen Nachbarländer.

„Vorhang auf" oder „Spot an" heißt es auch in vielen kleineren Einrichtungen, in denen alle nur denkbaren Spielarten der Musik sich in Ohr und/oder Tanzbein bohren. In diesen Clubs legen DJs Platten auf, spielen Musikanten „unplugged" und Weltstars im kleinen Kreis, präsentieren sich Bands auf dem Weg zur Karriere – im **Delicious Dougnuts** (Rosenthaler Str. 9) zum Beispiel oder nebenan im **b-flat** (Rosenthaler Str. 13), in dem sich außerdem die Berliner Jazz-Szene tummelt. Liedermacher und Songwriter stellen Altbeliebtes oder Neues vor, Jazzer verführen mit gutem alten Dixieland und manchmal gibt es bei Kabarett nicht nur auf die Ohren, sondern auch aufs Zwerchfell. Vor allem aber findet eines statt: Party.

Zuweilen agieren solche Vergnügungstempel in der halblegalen Grauzone, sind für kurze Zeit „angesagt" und verschwinden so schnell, wie sie kamen. Andere haben sich längst etabliert, wie die **Kalkscheune** in der Johannisstraße 2. Die startete 1994 als Jazz-Club in einer Fabrik, in der zu DDR-Zeiten Feuerlöscher montiert wurden und die Stasi einen Horchposten für das nahe Regierungs-Gästehaus Johannishof betrieb. Davor war die Nutzung der Gebäude wechselhaft: Maschinenfabrik von Johann Caspar Hummel, Pferdestall einer nahen Kaserne, Preußische Fahrradmanufaktur. Heute werden im Keller, der „Basement" heißt, und zu ebener Erde rund um die zum Konzertsaal gewordene Fabrikhalle Konzerte und Modenschauen veranstaltet, locken Dinnerabende mit Barbecue auf dem begrünten Hof. Zum Markenzeichen sind die sonntägliche Cabaret-Matinée „Dr. Seltsams Frühschoppen" und die vom Rundfunk Berlin-Brandenburg veranstaltete „Schöne Party" geworden.

Eine Ausnahme unter den Clubs ist das **Oxymoron** in den Hackeschen Höfen. Es öffnet seine Pforten schon zum Frühstück und wenn in Kleinstädten die Wirte an Schankschluss denken, wird das elegante Kaffeehaus und Restaurant zum mondänen Nachtclub. Eines haben nämlich alle Clubs gemeinsam: Wenn vor 21 Uhr die Tür aufgeht, dann für Lieferanten oder Putzkolonnen – das Publikum erscheint erst später.

Der älteste im Kietz ist der **Sophienclub** (Sophienstr. 6). Gegründet als „Außenhandelsclub der DDR" mit Kegelbahn im Keller, wandelte er sich 1984 zum Jugendclub und erhielt den Namen, den er jetzt noch führt. PR-Manager Ralf Schukowski: „Wir unterstanden dem Stadtbezirk; waren aber in allem eigenständig. Das war eine Diskothek auf zwei Etagen, einmal die Woche hatten wir Jazz-Konzerte. Conny Bauer spielte regelmäßig und brachte Jazzer-Prominenz mit. Das sprach sich rum. Es war immer was los und immer voll, Westler kamen rüber um hier Musik zu hören, Freunde zu treffen und so." Mit der Wende war das schlagartig vorbei. Das Publikum blieb aus, Party war angesagt, Live-Musik musste wegen der plötzlich verpönten Lautstärke entfallen. In private Trägerschaft überführt expandierte der Club kurzzeitig. „Wir sind als Disco-Club mit festem Programm bekannt, unser Publikum weiß das", sagt Schukowski, „dienstags gibt es BritPop und donnerstags Oldies. Freitag und Samstag ist Party mit Black Music, Soul und Funk; dann ist auch der Keller offen, da laufen 70er- bis 90er-Jahre-Hits, oben die aktuellen." Kamen ehedem vor allem Studenten und Intellektuelle hierher, ist das Publikum jetzt gut gemischt. „Die gesamte Leitung ist von Anfang an dabei. Der Sophienclub ist unser Baby, das wir großgezogen haben. Vom alten Publikum ist nur eine Handvoll geblieben, aber wir würden nie das Programm ändern und irgendwelchen Trends folgen. Das ist kurzlebig. Wer zu uns kommt, weiß, was ihn erwartet", sagt Schukowski nicht ohne Stolz.

Weil der Name den Verdacht nahe legt, es sei ein Copyshop mit Kaffee-Ausschank, kommt fast täglich einer in die **Kopier-Bar** (Rosenthaler Str. 71) und will Akten oder Briefe vervielfältigen. Pech gehabt. Tatsächlich handelt es sich um einen Musik-Club, der in der Woche ab 11 Uhr und samstags ab 18 Uhr geöffnet ist; zur letzten Runde wird geläutet, wenn das letzte Tanzbein erlahmt ist. Der Gründer und mit Ehefrau Nihal Inhaber des Clubs, Rolf Ruff erklärt, was es mit dem Kopieren auf sich hat: „Eigentlich heißt die Firma ‚soundman' und ist ein Multimedia-Dienstleister. Dazu gehört auch Kopieren – alles, was *nicht* auf Papier ist: Ob Schellack- oder Vinylplatte auf CD oder Opas Acht-Millimeter-Film auf DVD. Außerdem spielen Bands, Sänger und Liedermacher hier CDs in kleinen Auflagen ein, die sich für Konzerne nicht rentieren. Da diese Aufnahmen aber Konzertatmosphäre wiederspiegeln sollen, sind sie für Publikum zugänglich."

Die Kopier-Bar ist also, salopp gesagt, ein Ton-Studio mit Tresen, denn Kaffee, Bier, Cocktails und so weiter werden natürlich verabreicht. Gegründet hat Ruff sein Unternehmen in Kreuzberg, nach dem Testlauf dort kam er 1998 nach Mitte, bezog die Kantine eines ehemaligen DDR-Kombinates und hat seit 2000 die Lizenz zum Ausschänken – seitdem ist das Studio für Publikum offen und hat sich zum Party-Standort entwickelt.

Zwei beliebte Clubs in der Spandauer Vorstadt: die Kopier-Bar, Rosenthaler Straße 71, und das Kaffee Burger, Torstraße 69

Ein Club der speziellen Art also. Davon gibt es einige im Viertel – und das ist ein Anzeichen für die Vielschichtigkeit des Lebens in diesem Quartier und auch Beweis seiner Weltläufigkeit. Ein anderer spezieller Club und dazu noch eine echte Perle, befindet sich im Umfeld der Volksbühne: **Kaffee Burger** (Torstr. 69). Der Name beruht auf dem Eigenwillen eines Handwerksmeisters in den 1950er Jahren, der die Gitter vor den Fenstern schmiedete. Und weil es da so zu lesen ist, heißt es eben nicht „Café Burger", sondern „Kaffee Burger". Dessen Geschichte und Gegenwart ist so spannend, dass der Dichter Bert Papenfuß ihm und seinem geografischen und geistigen Umfeld und Hinterland mit „Tanzwirtschaft" ein literarisches Denkmal setzte. Kaum einer kann das besser als Papenfuß – er ist mit Karl-Heinz Heymann und Uwe Schilling Inhaber der zum Kultobjekt gewordenen Gaststätte, deren Wurzeln bis tief in die Kaiserzeit reichen.

Die eigentliche Geschichte des Kaffee Burger begann jedoch erst 1936, als Familie Burger die Wirtschaft übernahm – und über 60 Jahre in Familienbesitz führte. Es war ein Tanzlokal bis zum Kriegsende und auch kurze Zeit nach 1945, mit Konditorei im Keller und Billardsaal in der ersten Etage. In die Etage zogen bald wachsame Augen, um die Sicherheit der DDR-Politprominenz zu hüten, die laut Protokoll da vorbei ins „Städtchen" nach „Pankoff" fuhren. In den 70er Jahren, die Volksbühne rückte gerade zum wichtigsten Theater Ostberlins auf, wurde das ruhige Gasthaus berühmt. Schauspieler, Regisseure und Autoren saßen hier gern nach Probe oder Vorstellung bei Bier und Disput und zogen Kollegen an oder brachten Studenten mit. Das Kaffee Burger war bald öffentlicher Geheimtipp. Hier konnte man Heiner Müller, Volker Braun und Klaus Schlesinger treffen, Ullrich Plenzdorf oder Lothar Trolle. Adolf Endler kommt heute noch gelegentlich, jetzt jedoch um aus neuen Werken zu lesen, inzwischen sogar mit seinem ebenfalls schreibenden Sohn

Konrad. Katharina Thalbach und Bettina Wegner saßen hier, Helmut Strassburger, Dieter Montag und wie sie alle heißen. Nahezu zwangsläufig entwickelte sich „das Burger" zum Treffpunkt der Dissidenten. Das blieb natürlich den Argusaugen der Stasi nicht verborgen und so wurde Familie Burger eine umfassende Renovierung des Restaurants verordnet. Künstler und Intellektuelle suchten sich andere Refugien und ums Kaffee Burger wurde es wieder ruhig.

Das änderte sich 1999, als Uta Burger, die inzwischen das Lokal führte, in Rente gehen wollte und alles zum Verkauf ausschrieb. Uwe Schilling: „Ich hatte Bert Papenfuß 1997 beim ‚Sklavenmarkt' kennen gelernt. Das war eine vom Bezirk Prenzlauer Berg geförderte linke Plattform für Politik und Literatur mit eigener Zeitschrift und Büro im Bezirksamt. Als das Geld vom Bezirksamt versiegte, beschlossen wir, die kulturelle Arbeit selbst weiter zu führen und über Gastronomie zu finanzieren. Wir suchten einen Ort, erhielten den Tipp – und entschieden uns für das Kaffee Burger." Der Start mit einer Lesung von Klaus Schlesinger war furios, das original aus DDR-Zeiten übernommene Inventar (inklusive Preistafel) tat das Seine: Das Kaffee Burger, mit seinem auf Literatur gestellten und von Papenfuß organisierten Programm („anschließend Party") wurde gern und gut angenommen. Maßgeblichen Anteil daran hatte Wladimir Kaminer. Schilling: „Kaminer kam eines Tages ins Sklavenmarkt-Büro und fragte, ob er etwas kopieren dürfte. Wir waren gerade dabei, unsere Osteuropa-Reihe vorzubereiten, hörten seinen Akzent und kamen mit ihm ins Gespräch. Wir haben ihn sofort zur Lesung eingeladen."

Nach dem Erfolg von Kaminers „Russendisko" kam bald die Idee, eine solche tatsächlich zu veranstalten. Inzwischen ist sie, zweimal monatlich von Kaminer mit DJ Juri Gurzhy zelebriert, ein Renner geworden, und die Veranstaltungen der „Reformbühne Heim und Welt" tragen auch Kaminers Handschrift. Vom seinem Erfolg angezogen, tauchen oft Talentsucher der Verlage auf und einige die hier ihre Werke erstmals öffentlich vortrugen haben inzwischen Verträge. Schilling: „Die Literatur-Scouts kommen nicht zu allen Veranstaltungen. Bei uns hat jeder eine Chance, seine Werke vorzustellen, auch wenn das Niveau recht unterschiedlich ist. Die Ausrichtung auf Osteuropa haben wir aber beibehalten und sie geht über Literatur hinaus. In DatschaDance liegt das Gewicht auf dem Balkan und dazu gibt es Live-Zigeunermusik. Sonst haben wir die Live-Musik zugunsten der Literatur aufgegeben, nur unsere Hausband ‚Rot Front' spielt gelegentlich noch. Kurz: Wir geben allem eine Chance, das weg geht von dem Zeug, das man überall hat." Das literarische Programm ist weit gefächert, von intelligentem Unfug über Liedermacher bis zu hoher Literatur. So lesen in der Reihe

„Generator" jeweils ein gestandener und ein junger Autor aus ihren Werken.

Wieder ein Blick zurück. Lange bevor die Kleinkunst salonfähig wurde, wurde sie in Lokalen mit winzigen „Brettl-Bühnen" ohne Dekoration und oft von Laien dargeboten. Mädchen mit kurzen Röcken und langen Beinen und meist ohne Stimme trällerten munter freche Lieder und Komiker scherzten deftig, selten über der Gürtellinie. Das fand bei unteren sozialen Schichten und Studenten großen Zuspruch – und wegen des etwas anrüchigen Charakters dieser Darbietungen kam heimlich auch mancher brave Bürger in die „Singspielhallen", in denen natürlich reichlich Bier floss. Viele der von den Soubretten oder Humoristen vorgetragenen oft derben Couplets wurden Gassenhauser: „Er haut se, er haut se, er haut se auf die Schnauze!" Die Berliner nannten die Orte wie die Darbietungen „Tingeltangel". „Diese Bezeichnung soll von einem damals bekannten Gesangskomiker, der Tange hieß und in der Singhalle ‚Triangel' ein lange populär gebliebenes Triangellied zum besten gab, abgeleitet worden sein", schreibt Rudolf Hösch in seiner Abhandlung zur Kabarett-Geschichte. (Henschel-Verlag, 1969, S. 35) Kein Wunder, dass diese Berliner Spezialitäten auch in der Spandauer Vorstadt zu finden waren; zu den bekanntesten gehörte das „Böge" in der Weinmeisterstraße. Bei Künstlern und Literaten beliebt waren Café Königskrone und Friebö's Bierlokal an der damaligen Nachtschwärmer-Meile Münzstraße.

Es war nur eine Frage der Zeit, bis der Tingeltangel eine Form bekam und politisch wurde. Ernst von Wolzogen wagte den Schritt 1901 am Alexanderplatz und war mit seinem „Überbrettl" der Geburtshelfer einer neuen Kunst, des Kabaretts, wie wir es heute noch kennen. Die Clubs und Veranstaltungs-Kneipen unserer Tage müssen durchaus in dieser Tradition gesehen werden.

Von der Struktur her ein Club, legen die Eigentümer Johannes Heinrich, Michael Wellz und Mohamed Abdel Razak Wert darauf, dass ihr **Zosch** (Tucholskystr. 30) eine Kneipe ist. Freilich eine mit Veranstaltungsbetrieb im urigen Keller. Das Zosch war nach der Wende eine der ersten neuen Kneipen hier und ist jetzt die letzte überlebende dieser Ära. Die Fassade vermittelt noch Flair der „Besetzer-Zeit" und die Einrichtung ist spartanisch aber gemütlich. Ansprechpartner in allen Belangen ist Mohamed: „Angefangen haben wir im September 1992. Das war früher eine Bäckerei, der Ofen stand im Keller. Den haben wir selbst rausgerissen. Von Haus aus kommen wir aus der Musikanten-Szene und waren angetreten, hier Konzerte zu machen. Inzwischen haben wir ringsum viele Gaststätten kommen und gehen sehen." Anfangs fand im Gewölbe unter der Gaststube auch Theater statt, das bewährte sich aber nicht und

Das Bötzow bietet typisches Berliner Eck-Kneipen-Flair, Tucholskystraße 47

wurde abgesetzt. Mohamed: „Lesungen sind jeden Dienstag und mittwochs spielt die Jazzband ‚La*Foot Creole !' vor allem Dixieland und Oldtime-Jazz – von Anfang an bis heute und immer vor vollem Hause. Für die Wochenenden sind wir nicht festgelegt." Da ist Reggae, Ska, auch Calypso und anderes zu hören, in den Pausen der Bands legen DJs Platten auf. Die Küche bietet à la Carte viel Bodenständiges. Mohamed: „Bei uns stimmt die Mischung, Jung und Alt fühlen sich wohl. Ein nahes Polizeirevier hat hier seinen Stammtisch und die Herren eines Handelszentrums kommen im Zwirn hierher, um Bauernfrühstück zu essen, immer nur Bauernfrühstück." Man kann hier auch tatsächlich frühstücken – am Wochenende bis 17 Uhr.

Wie überall in Berlin blühte früher auch in der Spandauer Vorstadt die Eckkneipen-Kultur, die außerhalb als „typisch für Berlin" gilt. Die meisten fielen Krieg und Sozialismus zum Opfer, eine ist erhalten, und das gastliche Relikt ist nur wenige Schritte weiter.

Bötzow steht in altmodischen Frakturbuchstaben über den Fenstern zur Tucholskystraße 47 und um die Ecke in der Linienstraße ist in einer Art Schreibschrift „Bötzow privat" zu lesen – dahinter sind sinnigerweise die Toiletten. Im Bötzow gelten noch die Kernpunkte Berliner Eckkneipen-Philosophie: Bockwurst, Bier, Bouletten. Folglich sind hier auch Eingeborene zu finden; und auf die Frage, seit wann die Gaststätte existiert, sagt einer ohne den Blick vom Bier zu heben: „Achtz'nhundert Schnulle." Bestuhlung und Lampen wurden irgendwann modernisiert und jüngst kamen Spielautomaten dazu. Der Tresen mit Registrierkasse aber und dessen Rückwand mit Uhr in der Mitte und zwei Glastüren, links ist „Toilette" im Milchglas der Scheibe zu lesen und rechts „Küche", sind alt. „Das ist alles vom ersten Tage an hier. Die Gaststätte gibt es seit 1900", sagt Inhaberin Monika Hammels. Das Lokal war immer in Familienbesitz und hatte nur zum Kriegsende zwangsweise geschlossen. „Der Name Bötzow stammt von der Brauerei Julius Bötzow in der Prenzlauer Allee. Die haben uns beliefert." Die im Kriege beschädigte Brauerei stellte nach 1945 die Produktion ein. Über den Osten gekommen, sagt Frau Hammels, sei der Familienbetrieb wie andere auch: fleißig sein und nicht unterkriegen lassen. Sie war von 1960 an „mithelfendes Familienmitglied", so hieß das damals, und übernahm 1980 die Geschäfte: „Anfangs gab es Lieferschwierigkeiten, aber dann haben wir einen Kommissionsvertrag abgeschlossen. Das war bei Konsum (Genossenschaft) oder HO (staatliche Handelsorganisation) möglich, hier in der Gegend waren alle bei der HO, da haben wir das auch gemacht." Im Bötzow steht sommers die „Berliner Weiße" nicht nur auf der Karte: das Bötzow ist das Original.

Nur dem Ambiente nach alte Kneipe ist das **Restaurant-Café Gormann** (Gormannstr. 10). Auch das war seit 1900 Familienbetrieb, wurde aber Anfang der 70er Jahre geschlossen und zum Baustofflager gemacht. Zu Zeiten als noch Histörchen von Paule erzählt wurden und Kalle mit dem Krug kam, um Bier „über die Straße" zu holen, und auf der Straße vor der Kneipe Linke und Rechte abends ihren Standpunkt mit der Faust darlegten, war nur der Raum mit dem Tresen Gaststube. Da wo Stufen hinauf führen, ging es zur Wohnung der Wirtsleute. Außer Tresen und Mobiliar erinnert auch noch eine Schiefertafel am Tresen an die Vergangenheit – aber wo einst wohl die „Kreide" (mit Kreide vermerkte Schulden) stand, sind heute (immer noch mit Kreide) die Kleinigkeiten notiert: Rollmops 1,20; Schmalzstulle 1,20; eine Knacker 2,10 oder Solei 1,00. Die gastronomischen Reminiszenzen sind tatsächlich im Angebot.

Als Restaurant gibt es das Gormann wieder seit 1993. Inhaberin Susann Grubba: „Kneipe wollen wir nicht sein. Wir haben Küche, sogar ziemlich gute, und bieten internationale Standard-Speisen an, dazu gehobene traditionelle Gerichte der Region und saisonale Besonderheiten. Alle Zulieferer kommen aus der Region." Und da die Tische außen, die es zur warmen Jahreszeit bei jedem Restaurant hier gibt, besetzt sind und überall gegessen wird, kann kein Zweifel an der Qualität der Küche aufkommen.

Das **Sophieneck** (Große Hamburger Str. 37, Ecke Sophienstr.) gibt es erst seit 1986, als die Sophienstraße zum Vorzeigeobjekt saniert wurde. Aber in der runden Ecke, in der heute noch der Eingang ist, hatte Mutter Erdmann bis Anfang der 40er Jahre eine Kneipe mit vier Tischen, in der es Solei, Rollmops und Bouletten zum Bier gab. Das ist etwa der heutige Eingangsbereich mit dem Tresen. Daneben ist ein Durchgang, der damals noch keiner war, hinter der Wand aber befand sich die Bäckerei Balzer. Und im letzten Zipfel, wo jetzt auch die Wand fehlt und es zwei Stufen hinauf geht, war eine Sarghandlung. Seit 1994 wird das Sophieneck privat bewirtschaftet. Hier kann man in rustikalem Ambiente deftig speisen und die Brötchen sind selbst gebacken – von der Bäckerei Balzer.

Gastronomie hat Tradition in der Spandauer Vorstadt, nicht nur wegen Eckkneipen, Tingeltangel oder weil die aus Süddeutschland zugewanderten Brüder August und Karl Aschinger in der Sophienstraße die Brötchen backen ließen, die gratis auf den Tischen standen, oder ihren „Bierglocken" und „Bierquellen", die es natürlich auch hier gab, am Rosenthaler Platz zum Beispiel. In dem dicht beieinander lebenden Gemenge aus Arm und Reich unterschiedlichster Herkunft und Religion hatte selbstverständlich jede Schicht ihre gastronomischen Wünsche und fand Gelegenheit, sie zu befriedigen. Davon blieb nichts – aber alles, was neu entstanden ist, führt diese Tradition fort, auch wenn damit nur die Wünsche in einer aufblühenden Weltstadt unserer Tage bedient werden.

In der Spandauer Vorstadt kann man heute mexikanisch, russisch, brasilianisch, vietnamesisch, türkisch, thailändisch, italienisch, griechisch, französisch, spanisch, englisch, US-amerikanisch, jüdisch, chinesisch, marokkanisch, indisch, kubanisch, bayrisch und sogar deutsch speisen oder nur bei einem Getränk das Ambiente genießen. Es lässt sich nobel oder alternativ, betont cool oder nur einfach so verweilen; man kann ausgiebig tafeln, normal frühstücken (mit Zeitung!), zu Mittag oder Abend essen. Und für alle, die es eilig haben, gibt es Bockwurst auf Pappdeckel, Sushi zum Mitnehmen, Döner im Brot, Fallafel, Pizza, Baguettes und Chinapfanne in der Plastikassiette. Und das von früh bis sehr spät.

Sogar rund um die Uhr lässt sich ein Happen, Espresso oder Saft finden. Die **Pizzeria Piccola Italia** (Oranienburger Str. 6) gleich am Hackeschen Markt, ist dazu noch recht preiswert – man erkennt es an der Traube kauender Menschen, die vom frühen Morgen bis tief in die Nacht vor dem Laden steht oder auf Fenstersimsen sitzen. Das **Restaurant Hasir** (Oranienburger Str. 4) nebenan ist das ganze Gegenteil: es befindet sich im Quergebäude (sommers wird auch im Hof eingedeckt) und bietet gehobene türkische Spezialitäten – aber man muss es erst finden und durch eine restaurierte Jugendstil-Durchfahrt gehen. Koscher, allerdings auch zu den üblichen jüdischen Geschäftszeiten (Samstag ist Sabbat!), kann man im **Beth-Café** (Tucholskystr. 40) genießen.

Alles andere als ein Geheimtipp, da von den wichtigsten Gourmet-Führern empfohlen, ist das auf italienische Küche spezialisierte **Bonfini - Restaurant & Pasta Bar** in der Münzstraße 20, wo weiland das Victoria-Theater stand. Moderne Gastronomie mit Charme und Noblesse der „Guten alten Zeit", die Karte ist kurz aber erlesen und Reservierung zu empfehlen.

Hartnäckig hält sich der Ruf als Künstlerkneipe von „Obst und Gemüse", das seinen Namen von dem Grünzeugladen hat, der vor 1990 dort Rotkohl, Weißkohl, Äpfel und Birnen feilbot. Es war, gegenüber dem Tacheles, anfangs tatsächlich ein Künstler-Treff. Heute heißt es **O & G** (Oranienburger Str. 49) und ist touristische Bierschwemme; ganz ähnlich ist der Werdegang von **Hackbart's Bar** (Auguststr. 49A), der trotz Frühstück ab neun Uhr und langem mit Messing beschlagenem Tresen auch nur der Ruf blieb. Es gibt sie aber noch, also ist da nicht zu weinen, das ist der Lauf der Zeit. – Wer vor dem Konzert im „b-flat" etwas essen oder sich einstimmen will, sollte ins **Skales** (Rosenthaler Str. 13) gehen, darf sich jedoch nicht von der Treppe trügen lassen – die ist nur Schmuck. Speisen, Sekt und Cocktails sind echt.

Stellvertretend für alle Nationalitäten-Spezialitäten sei – nicht ganz ohne Hintersinn – ganz kurz das **Kamala** (Oranienburger Str. 69) vorgestellt. Die Küche ist vorzüglich und jedem, der thailändisches Essen mag, zu empfehlen. Ob es die „echte" Zubereitungsweise ist, entzieht sich ohnehin unserer Kenntnis. Der Name ist Programm: Kamala heißt in Hermann Hesses „Shiddharta" die Kurtisane, die Buddha die erotische Liebe lehrt und so den Weg ins Leben weist. In dem kleinen, wunderbar verwinkelten Keller entsteht automatisch das Gefühl der Entrücktheit von Welt und Alltag. Mit Raum und Gerüchen erwachen Sinne und im Alltag wenig benutzte Empfindungen. Und dann noch die Speisen ... Kamala weist den Weg. Aber auf ihre Weise bieten das im Endeffekt alle Gaststätten hier, es wird nur nicht immer so offenkundig. Und schließlich muss jeder selbst entscheiden, wer oder was seine Kamala ist.

Wie auch immer man die Gewichte setzt, Kunst-Galerien, Theater, Architektur, Heimatkunde, Sittengeschichte, unauslöschliche Spuren der Zeit, Live-Musik oder Kino – ein Besuch in der Spandauer Vorstadt ist ein Abenteuer. Und: Nie der letzte. Sehen und genießen – hier sind alles Wege zur Kunst, zur Ars Vivendi.

Literatur und Quellenangaben

Alle Berliner Straßen und Plätze. Von der Gründung bis zur Gegenwart, 4 Bde., Berlin 1998

Architekturführer Berlin, 6. überarb. und erw. Aufl., Berlin 2001

Berliner Adressbücher, Berlin 1799ff.

Das Jüdische Berlin heute. Ein Wegweiser von Andrew Roth und Michael Frajman, 2. Aufl., Berlin 2000

Das Landesarchiv und seine Bestände, 2. Aufl., Berlin 1992

Deutschkron, Inge: Ich trug den gelben Stern, Köln 1978

Die Bau- und Kunstdenkmale in der DDR. Hauptstadt Berlin I, Berlin 1983

Döblin, Alfred: Kleine Schriften, Zürich und Düsseldorf 1990

Eckhardt, Ulrich / Nachama, Andreas: Jüdische Orte in Berlin. Mit Feuilletons von Heinz Knobloch, Berlin 1996

Erler, Gotthard (Hrsg.): Theodor Fontane. „Wie man in Berlin so lebt". Beobachtungen und Betrachtungen aus der Hauptstadt, Berlin 2000

Festschriften zum 50., 100. und 150. Jubiläum des St. Hedwig-Krankenhauses und diverses anderes Material: Archiv der St. Hedwig-Kliniken.

Feyerabend, Wolfgang: Quer durch Mitte – Die Spandauer Vorstadt, Berlin 1999

Feyerabend, Wolfgang: Spaziergänge durch Fontanes Berlin, Hamburg und Zürich 2002

Fontane, Theodor: Autobiographische Schriften, Zürich 1987

Fräulein Rabbiner Jonas. Kann die Frau das rabbinische Amt bekleiden? Eine Streitschrift von Regina Jonas ediert – kommentiert – eingeleitet von Elisa Klapheck, Teetz 2000

Geisel, Eike: Im Scheunenviertel. Bilder, Texte und Dokumente. Mit einem Vorwort von Günter Kunert, Berlin 1981

Geisel, Eike: Im Scheunenviertel. Bilder, Texte und Dokumente, 2. Aufl., Berlin 1981

Hessel, Franz: Herberge und Heimat. Bilder aus Berlin, in: Atlantis, 2. Jahrgang, Berlin–Zürich 1930

Hübner, Volker / Oehmig, Christiane: Spandauer Vorstadt in Berlin-Mitte. Ein Kunst- und Denkmalführer, Petersberg 2002

Im Jüdischen Leben. Erinnerungen des Berliner Rabbiners Malwin Warschauer. Mit einem Beitrag von seinem Sohn James Walters, einem Vorwort von Heinz Knobloch und einer Einführung von Nicola Galliner, Berlin 1995

Kafka, Franz: Gesammelte Werke in acht Bänden. Herausgegeben von Max Brod, Frankfurt/M. 1975

Klemperer, Victor: Curriculum Vitae, 2 Bände, Berlin 1996

Knobloch, Heinz: Herr Moses in Berlin. Auf den Spuren eines Menschenfreundes, 2. Aufl., Berlin 1980

Landesarchiv Berlin, A Rep. 180, Bd. 13, Bl. 1–6

Landesarchiv Berlin, A Rep. 180, Bd. 15, Bl. 32–45

Landesarchiv Berlin, A Rep. 180, Bd. 15, Bl. 47–58

Landesarchiv Berlin, A Rep. 180, Bd. 142, Bl. 31–48

Landesarchiv Berlin, A Rep. 180, Bd. 142, Bl. 50–61

Landesarchiv Berlin, A Rep. 180, Bd. 142, Bl. 63–67

Mattenklott, Gert (Hrsg.): Jüdisches Städtebild Berlin. Mit einer stadtgeschicht-

lichen Einführung von Inka Bertz und 27 Fotografien von Wolfgang Feyerabend, Frankfurt/M. 1997
Nachama, Andreas: Ein jüdisches Quartier in Berlin, in: Volker Hübner und Christiane Oehmig: Spandauer Vorstadt in Berlin-Mitte. Ein Kunst- und Denkmalführer, Petersberg 2002
Nachama, Andreas / Simon, Hermann: Jüdische Grabstätten und Friedhöfe in Berlin. Eine Dokumentation. Mit Beiträgen von Alfred Etzold und Heinrich Simon, Berlin 1992
Nicolai, Friedrich: Beschreibung der Königlichen Residenzstadt Berlin und Potsdam (Reprint), Leipzig 1987
Paucker, Arnold: Jüdischer Widerstand in Deutschland, in: Arno Lustiger: Zum Kampf auf Leben und Tod! Vom Widerstand der Juden 1933–1945, Köln 2002
Raschke, Thomas: Die Sophienkirche Berlin, Berlin 1998
Rebiger, Bill: Das jüdische Berlin. Kultur, Religion und Alltag gestern und heute, Berlin 2000
Scheer, Regina: Ahawah. Das vergessene Haus. Spurensuche in der Berliner Auguststraße, Berlin 1993
Simon, Hermann / Boberg, Jochen (Hrsg): „Tuet auf die Pforten". Die Neue Synagoge 1866–1995. Begleitbuch zur ständigen Ausstellung der Stiftung „Neue Synagoge - Centrum Judaicum", Berlin 1995
Simon, Hermann: Das Berliner Jüdische Museum in der Oranienburger Straße. Geschichte einer zerstörten Kulturstätte, Teetz 2000
Steglich, Ulrike / Kratz, Peter: Das falsche Scheunenviertel. Ein Vorstadtverführer, Berlin 1994
Verein Stiftung Scheunenviertel (Hrsg.): Das Scheunenviertel. Spuren eines verlorenen Berlins, Berlin 1994
Weber, Heinrich: Wegweiser durch die wichtigsten technischen Werkstätten der Residenz Berlin 1819–1820 (Reprint), Leipzig 1987

Objektregister

Straßen-/Platznamen in *kursiv* = heute anderer Name bzw. nicht mehr vorhanden

Quer durch Mitte

mit Büchern von Haude & Spener

Ralph Hoppe
Quer durch MItte: Das Klosterviertel
(BR 77) 120 S., 32 Abb., Pb., EUR 9,95 ISBN 3-7759-0413-1

Eines der ältesten Viertel Berlins ist das sogenannte Klosterviertel. Hier bauten die Franziskaner um 1250 ihr Kloster mit der noch heute als Ruine vorhandenen Klosterkirche. Später prägten Stadthaus und Gericht, das heutige Podewil und Berlins berühmtestes Gasthaus Zur letzten Instanz die Gegend.

Wolfgang Feyerabend
Quer durch Mitte: Die Spandauer Vorstadt
(BR 79) 128 S., 32 Abb., Pb., EUR 9,95 ISBN 3-7759-0425-5

Galerienmeile und Straßenstrich, Hinterhofidyll und Kneipenszene, Baustellenchaos und Flächendenkmal – die über 300 Jahre alte Spandauer Vorstadt ist wie ein Seil, an dem von beiden Enden gezerrt wird. Den neuen Legenden und der Nostalgie setzt der Autor Geschichte und Geschichten entgegen.

Wolfgang Feyerabend
Quer durch Mitte: Die Friedrich-Wilhelm-Stadt
(BR 82) 112 S., 47 Abb., Pb., EUR 9,95 ISBN 3-7759-0463-8

Das nach König Friedrich Wilhelm III. benannte Gebiet zwischen Spreebogen, Invalidenstraße, Friedrichstraße und Schiffbauerdamm wurde in den 20er und 30er Jahren des 19. Jh., planmäßig bebaut und war schon bald ein Gelehrten- und Künstlerquartier. Heute bildet es wieder, wie schon nach der Reichseinigung 1871, das Hinterland des Regierungsviertels.

Verlag Haude & Spener Postfach 61 04 94 · 10928 Berlin
Tel. 030/ 691 70 73 · Fax 030/ 691 40 67 · E-mail: spiess-verlage@t-online.de · www.spiess-verlage.de